SERGIO A. ZELEDÓN BLANDÓN

I0837453

SERGIO A. ZELEDÓN BLANDÓN

Dinastías políticas y la estructuración del poder en Nicaragua:

Los SACASA

Y

Los CHAMORRO

Por

SERGIO A. ZELEDÓN-BLANDÓN

Copyright © 2016 Sergio A. Zeledón-Blandón

All rights reserved.

ISBN-13:978-1793868282

DEDICATORIA

A mi esposa, Sonia
A mis hijos:
Máximo César,
Sonia Alexandra,
Esther Beatriz y
Benjamín Sergio.
A mis nietos

CONTENIDO

Fotos de la Portada, de izquierda a derecha, los presidentes de Nicaragua:

General Fruto Chamorro Pérez,
General Emiliano Chamorro Vargas,
General Anastasio Somoza García,
Dr. Roberto Sacasa Sarria y
Dr. Juan Bautista Sacasa Sacasa.

AGRADECIMIENTOS

A todas las personas que ayudaron para lograr llevar a feliz término la presente obra. [1]

---

[1] El autor desea agradecer también al historiador Marco A. Cardenal Tellería (q.e.p.d.), al economista, genealogista y ex-ministro de gabinete de gobierno de Nicaragua, Lic. Norman J. Caldera Cardenal y al arquitecto, diseñador gráfico, escritor y diseñador de la portada, Flavio Rivera Montealegre.

Los Sacasa y los Chamorro

Dinastías políticas y la estructuración del poder en Nicaragua

Por Sergio A. Zeledón Blandón, J.D., M.A., Ph.D.

Miembro de número de la Academia de Historia y Geografía de Nicaragua
Miembro de número de la Academia de Ciencias Genealógicas de Nicaragua

Fotos de arriba: Roberto Sacasa Sarria y su hijo Juan Bautista Sacasa Sacasa. Abajo: Benjamín Lacayo Sacasa y Luis A. Somoza Debayle.

Los Sacasa y los Chamorro

Dinastías políticas y la estructuración del poder en Nicaragua.

I. Introducción
II. Primera parte. La Dinastía Sacasa
III. Segunda parte. La Dinastía Chamorro
IV. Tercera parte. Los Pactos entre
     Arnoldo Alemán y Daniel Ortega
V. Conclusiones

**Alphonse-Marie-Louis de Lamartine
(Francia, 1790-1869)**

I. Introducción:

"La historia nos lo enseña todo, incluyendo el futuro [2]"

En Nicaragua se sabe quiénes han sido sus gobernantes, pero no se conoce mucho sobre los orígenes de los lazos e interrelaciones familiares, sociales, económicas y políticas, ni sobre los medios, que permitieron a dos familias de origen español, Los Sacasa y los Chamorro logran influencia y prominencia en la estructuración del poder en el país, desde la era colonial española a nuestros días.

De acuerdo al filósofo, ensayista, analista político y ex-rector de la Universidad Nacional de Nicaragua, Dr. Alejandro Serrano Caldera: "Nicaragua está formada por un conjunto de características entre las cuales, aún conscientes de que no son las únicas, podríamos destacar: insuficiencia y deformación de un verdadero pensamiento político; ausencia de un proyecto de nación; profunda desigualdad económica y social; institucionalidad devaluada y concebida como instrumento y fachada de poder y consideración y percepción del poder como finalidad última y única del quehacer político.[3] "

En esta investigación, a través del examen de los documentos originales en diversos archivos de diversos países y en las reseñas biográficas e histórico-genealógicas, algunas de las características de esos lazos

---

[2] Alphonse de Lamartine, filósofo, escritor y político. 1790-1869.

[3] Serrano, Caldera, Alejandro, Dr. ¿Es imposible la Nicaragua posible? Managua, Nicaragua, mayo de 2012.

e interrelaciones familiares, sociales y políticas, limitándome por razones metodológicas, de espacio y de tiempo, a estudiar solamente a los miembros de dos prominentes familias que han gobernado Nicaragua sobre los cuales he recabado suficiente información, para hacerlo en escritos posteriores a otros miembros de esas familias, que han alcanzado importantes cargos públicos y a otros que se han destacado como profesionales y empresarios independientes en Nicaragua.

Los fundadores de las familias Sacasa y Chamorro fueron militares españoles que protegieron y defendieron las posesiones y los intereses españoles, en Europa y en América, y quienes durante el ejercicio de sus funciones en Nicaragua, amasaron fortunas y se entrelazaron con otras familias descendientes de españoles, de indígenas y de descendientes de ex esclavos afro nicaragüenses.

Los Sacasa y los Chamorro se destacaron como militares, en la administración pública y en la política, como alcaldes, regidores, etc.; en los asuntos religiosos, como sacerdotes, obispos y auxiliares; en las finanzas, como colectores de impuestos y tesoreros; en el comercio de tierra y de mar y en la agricultura, suministrando fuerza de trabajo para el mantenimiento de los caminos reales, las siembras y las cosechas, animales de carga para transporte de personas, mercaderías y equipo militar; como agricultores, facilitando granos, carne vacuna y bovina y avituallamientos para las tropas y los colonos.

Su mejor característica fue la ambición por el poder militar, por el poder político y por el poder económico absoluto, dado que los principales entre ellos, favorecidos por lo difícil de las comunicaciones y por la distancia de España, disfrutaron durante el período colonial del mando y del control absoluto y a veces hasta ilegal, de operaciones de las fuerzas armadas, del clero y de la administración pública, al igual que del control del comercio, las finanzas (impuestos) y los medios de información para hacer uso y mantener el dominio del poder colonial hegemónico de España a través del Virreinato de Nueva España (México) y La Capitanía General (Guatemala) y en el caso de la Provincia de Nicaragua, de (Granada y de León).

Las provincias de Guatemala, El Salvador, Honduras, Nicaragua y Costa Rica que formaban la Capitanía General de Guatemala el 15 de septiembre de 1821 ante las noticias de la invasión del territorio de España por las tropas del emperador francés Napoleón Bonaparte y el vacío de poder en que los dejaban en América, se declararon independientes e instituyeron la República Federal de Centroamérica, la que no supo sobrellevar las desigualdades provinciales por el ejercicio del control del poder absoluto local a que estaban acostumbrados a manejar y no se entendieron, declarándose en abril de 1838 repúblicas independientes.[4]

Los Sacasa y los Chamorro y sus descendientes en León y Granada ya en la era republicana, pelearon por varias décadas por el control absoluto del poder militar y político y por el control absoluto del poder económico y sobre el tipo de organización social, económica y sobre la alineación política, local, regional e internacional a imponer al país.

---

[4] Karnes, Thomas L. The Failure of Union, Central America. Los Fracasos de la Unión. Centroamérica 1824-1960.

Para alcanzar esto los grupos de ellos que detentaban el poder en el momento, apoyándose en ideas y posturas liberales y conservadoras, manipularon las relaciones e intereses de su país y con sus vecinos, principalmente con Costa Rica y con las relaciones e intereses con los poderes hegemónicos de Gran Bretaña y de Los Estados Unidos de América que batallaron entre sí por mucho tiempo por hacerse dueños, ya fuera a través de tratados y concesiones o por la fuerza de las armas, de la ruta de navegación y comercio en San Juan del Norte en la costa del Atlántico de Nicaragua (Mar del Norte), del Castillo de la Inmaculada Concepción en el Río San Juan de Nicaragua y las del Gran Lago de Nicaragua y sus islas, de las ciudades de León y Granada y el Istmo de Rivas y de la costa del Mar del Sur (Océano Pacífico) de Nicaragua, agenciando alianzas con potencias extranjeras que humillaron y destruyeron a su país y lo que llevó a la muerte de muchos de sus mejores hijos y a pérdidas del territorio, puesto que para recuperarse llevó a otras alianzas con potencias regionales y mundiales con intereses propios y a costosas, sangrientas y destructivas guerras.

Los dirigentes de la familia Sacasa y de la familia Chamorro, consiguieron el poder absoluto para sí mismos desde la era colonial española como jefes militares, jefes administrativos y líderes religiosos a través de varios siglos en la historia de Nicaragua y lo han venido manteniendo, forjando alianzas entre ellos o con personas vinculadas con ellos en forma directa o indirecta, "según soplaban los vientos," de manera que pusieron o quitaron a discreción a personas (hombres y mujeres) familiares suyos de diversos orígenes sociales, razas y en algunos casos pactando el poder con ambiciosos caudillos militares que fueron meras anomalías; poniéndoles en posiciones destacadas como Jefes de Estado; Directores de Estado y Presidentes de la República; como Jefes Militares; como Senadores y Diputados; como Diplomáticos y como otros Altos Cargos de manera tal que en Nicaragua, ser Sacasa o ser Chamorro o estar vinculados con ellos, es sinónimo de ser "muy zorro o muy astuto" en política.

Doña Salvadora Debayle Sacasa de Somoza García
Matrona del Liberalismo

II. Primera Parte
La Dinastía de los Sacasa

El **4 de noviembre de 1746** arribó a León, Nicaragua procedente de La Habana, Cuba, el nuevo gobernador, Brigadier General Alonso Fernández de Heredia, (1746-1755), donde fue recibido por el gobernador interino, capitán **José Antonio Lacayo de Briones y Palacios**. Con la comitiva de Fernández llegaron además, oficiales, soldados y avituallamientos para reforzar las defensas de las costas de Nicaragua, que incluían, entre otras, la fortaleza "La Inmaculada," que protegía la ruta de navegación interoceánica Mar Caribe/Océano Atlántico, Mar del Sur/Océano Pacífico a través del río San Juan, los grandes lagos y el istmo de Nicaragua/Rivas.

Entre los oficiales que arribaron con Fernández venían, el teniente de dragones (caballería), Francisco Sacasa Belausteguigoitia y Salinas y el alférez real y teniente Juan Francisco Aguilar de Santa Cruz.

Sacasa cuyo apellido Beláusteguigoitia es compuesto de los apellidos, Beláustegui y Goitía, era originario del País Vasco, en el norte de España. Se sabe que Sacasa en su carrera militar participó en la rendición de los fuertes en el Guadalquivir, y que luego había sido enviado a las posesiones españolas en Italia, para pasar más tarde a

Puerto Rico, de donde a su vez fue transferido a reforzar las defensas de la ciudad de San Agustín en la Florida, las que durante su estadía, fueron atacadas por fuerzas navales inglesas, quiénes las hicieron rendir, tomando como prisioneros a los oficiales y soldados, incluyendo a Sacasa.

Más tarde durante un intercambio de prisioneros, Sacasa y los otros oficiales y soldados fueron liberados y trasladados al fortín San Cristóbal en la Habana, Cuba; una vez ahí, Sacasa recibió órdenes de sumarse a las tropas y abordar los barcos que viajaban con el Gobernador Alonso Fernández de Heredia hacia Nicaragua.[5]

---

[5]Romero Vargas, Germán Dr. Las Estructuras Sociales de Nicaragua en el Siglo XVIII. Editorial Vanguardia, 1988. Managua, Nicaragua pp. 272, 461.
Caldera Cardenal, Norman. El Paso Entre Los Mares: La Familia Sacasa y el Poder en Nicaragua. Managua, Nicaragua 1ra. Ed. 2011.
Archivo General de Indias, Sevilla España –Guatemala 449.
Certificado de servicios prestados por Francisco Sacasa, extendido por Don Francisco Rubiani, coronel gobernador y comandante del Regimiento de Dragones de Itálica. La Habana 24 de mayo de 1746.
Samayoa, José. Piratas en Centroamérica. Editorial Aurora. Guatemala 1926. pp. 126.
Gabuardi Lacayo, Víctor. Genealogía de las Familias Sacasa y Arana en Nicaragua. Manuscrito sin publicar. Miami, Florida USA. 1990.
Cardenal, Tellería Marco A. Nicaragua y su Historia. Con Prólogo y Notas de Sergio A. Zeledón Blandón. Editorial Printexsa. Managua, Nicaragua. 2000. P. 176.
Instituto de Genealogía e Historia de Nicaragua. Cardenal T. Marco A, Delgadillo R, Ángela, Ugarte R. Rigoberto, Zeledón B. Sergio A, Gabuardi L, Víctor M, Cardenal T. Roberto, Rivera M, Flavio. Los Sacasa de Nicaragua. Miami, Florida. Publicado en Bolsa de Noticias. Managua, Nicaragua, Febrero 21, 1999.

Mientras tanto en la fortaleza la Inmaculada Concepción en el río San Juan, **el día 15 de julio de 1762,** falleció de una grave enfermedad el comandante, capitán general **José de Herrera Sotomayor,** asumiendo el mando, el oficial de más alto rango presente, quién era el alférez real y **teniente, Juan Francisco Aguilar de Santa Cruz.** El día 28 de Julio de 1762, el comandante, de la fortaleza teniente Juan Francisco Aguilar de Santa Cruz fue alertado por los retenes en los puestos de avanzada en los islotes río abajo, sobre la inminencia de un ataque de fuerzas enemigas de indígenas Miskitos y Zambos y colonos Ingleses de Bluefields, Aguilar decretó la emergencia y activó las defensas de inmediato. El enemigo atacó con sus fuerzas en la madrugada del día 29 de Julio, Aguilar ya alertado y con sus fuerzas preparadas rechazaron el ataque, sin sufrir ni una sola baja. Las fuerzas del enemigo se replegaron y pusieron sitió a la fortaleza. Aguilar y sus hombres el 3 de Agosto lanzaron un contra ataque que logró incendiar el campamento y las municiones del enemigo, de manera que tuvieron que huir en desbandada.

Esta exitosa defensa de Aguilar, por un error histórico, fue atribuida posteriormente por algunos comentaristas, escritores e historiadores a Rafaela de Herrera Udiarte, nacida el 6 de agosto de 1742 en Cartagena de Indias. Rafaela era la hija del capitán general José de Herrera Sotomayor que le acompañó durante su enfermedad hasta su muerte y de María Felia (Ofelia) Udiarte Aragón, una joven mulata de Cartagena de Indias, donde José de

---

Sevilla Sacasa, Rafael. <u>Mis cuatro Abuelos sus Ascendientes y sus Descendientes. Genealogía de la familia Sevilla Sacasa y Castellón.</u> Managua, Nicaragua.1985.

Herrera prestaba servicios como oficial de la Armada Española. Rafaela, al morir su madre en Cartagena de Indias, fue reconocida y llevada a vivir con su padre. El 15 de Julio de 1762 el Capitán General José de Herrera y Sotomayor, Comandante de la fortaleza la Inmaculada Concepción en el río San Juan de Nicaragua murió de una grave enfermedad que le aquejaba, fue atendido, de acuerdo al reporte oficial, por el sacerdote del castillo, por el médico, por su hija Rafaela y fue sepultado en el cementerio de la fortaleza.[6]

Rafaela había aprendido de su padre a manipular armas y respondió al llamado de emergencia de Aguilar junto a las demás mujeres de la fortaleza durante duró el ataque, el sitio y el contra-ataque final que derrotó y puso en fuga al enemigo. Rafaela de Herrera, hasta puede haber hecho uso de armas, pero no asumió el mando, ni la defensa de la fortaleza, ni derrotó ni puso en fuga al enemigo. [7]

El gobernador de Nicaragua, el 12 de agosto de 1762 al recibir noticias en León sobre el ataque enemigo y el

---

[6] Dixon, Moya. Rafaela Herrera. Una joven mujer que derrotó a un grupo de feroces piratas. En Revista Semana. Bogotá Colombia. http://www.carta genamagica.com/ noticias/ html/19.html.

CAFE. Página Mensual de Noticias y Opiniones. Año 2 No 141. Buenos Aires Enero del 2009. Rafaela De Herrera. La Adolescente Hispana que venció a un Ejército Inglés en Nicaragua el 29 de Julio de 1762. Nota: El Diplomático y escritor colombiano Dixon Moya dice que los registros de Cartagena indican que Rafaela de Herrera nació en esa ciudad, que su madre María Felia Udiarte Aragón era mulata y murió en Cartagena. CAFE_141.pdf

[7] Zeledón, Blandón, Sergio A. Dr. Rafaela de Herrera Udiarte y La Manipulación de un Mito. Revista de Temas Nicaragüenses dedicada a la investigación sobre Nicaragua. No. 37 mayo 2011. pp. 115-142

triunfo de las armas españolas en la defensa de la fortaleza del río San Juan, envió desde Granada al teniente Francisco Sacasa Belausteguigoitia y Salinas, con hombres, armas y avituallamientos. Sacasa tan pronto arribó a la fortaleza informó a Aguilar, que por sus méritos en la defensa de la fortaleza, el gobernador le había ascendido en el rango militar, que debía partir para Granada para otra misión militar y que él había sido nombrado comandante de la fortaleza.

Aguilar de Santa Crúz partió para Granada donde cumplió su carrera militar y donde contrajo matrimonio con la Sra. Candelaria Rodríguez de Valdés, siendo el tronco fundador de una prominente familia en Nicaragua.[8]

El teniente José Francisco Sacasa Belausteguigoitia Salinas sumió el mando de la fortaleza la Inmaculada en el río San Juan, donde residió hasta el 19 de octubre de 1764, fecha en que murió en el lugar.[9]

---

[8] Zeledón Blandón, Sergio A Rafaela de Herrera Udiarte y La Manipulación de un Mito. *Ibíd.*

[9] Samayoa, José. Piratas en Centroamérica. Ibíd.

Gabuardi Lacayo, Víctor. Genealogía de las Familias Sacasa y Arana en Nicaragua. Ibíd.

Romero Vargas, Germán Dr. Las Estructuras Sociales de Nicaragua en el Siglo XVIII. Editorial Vanguardia, 1988. Managua, Nicaragua. pp. 271-274. 461

Archivo General de Centroamérica. Guatemala. Nombramiento de castellano de la fortaleza La Inmaculada Concepción en 1762. A.1123 Leg. 4624, fol. 275.

José Francisco Sacasa Belausteguigoitia Salinas, contrajo matrimonio en Nicaragua con María Lucía Marenco López del Corral, hija del militar de origen español-italiano, Pedro Marenco Alarcón, (quien fue corregidor de Matagalpa y Chontales) y de la Sra. María Quiteria López del Corral y Salmón Pacheco, hija de otro militar español acantonado en Cartago, Costa Rica. José Francisco y Lucía tuvieron cuatro hijos:

I.-) **Josefina Sacasa Marenco**, nacida en 1748, contrajo matrimonio con el Sr. Joaquín Chamorro Fajardo, hijo del Sr. Diego Chamorro Sotomayor y Murga y la Sra. Juana Francisca Fajardo Villanueva;

II.-) **María del Pilar Sacasa Marenco**, nacida en 1749, contrajo matrimonio con el Sr. Manuel Antonio Arana de la Selva, hijo del Sr. Marcos José de Arana y de la Sra. Nicolasa Selva Mayor del Castillo;

III.-) el Teniente de General **José Roberto Sacasa Marenco,** nacido en 1751, él contrajo matrimonio con la Sra. Paula Parodi Durán hija del Italiano-Genovés Sr. Giovanni Giuseppe Parodi y de la Sra. María del Carmen Durán Cabeza de Vaca y Espinoza; y

IV.-) **Francisco Sacasa Marenco**, nacido en 1752, quien se hizo sacerdote. José Francisco Sacasa Belausteguigoitia y Salinas es el primer Sacasa de quien se tiene registros históricos y genealógicos de su existencia en Nicaragua y de quien desciende la familia Sacasa de Nicaragua que analizamos.

Dr. Juan Bautista Sacasa Sacasa
Presidente de Nicaragua
1933-1936

Dr. Roberto Sacasa Sarria
Presidente de Nicaragua
1889-1893

Dr. Benjamín Lacayo Sacasa
Presidente de Nicaragua
Desde Mayo 27 de 1947 hasta Agosto 15 de 1947

José Roberto Sacasa Marenco (1751-1821) fue hijo del Capitán José Francisco Sacasa Belausteguigoitia y de la Sra. Lucía Marenco del Corral. Fue un destacado militar y funcionario administrativo de la corona española en Nicaragua llegando a ser Alcalde y Regidor de la ciudad de Granada, cargos que ostentó del 19 de diciembre de 1774 al 19 de diciembre de 1779; también fue Alcalde Primero y Teniente de Tesorero de la Real Hacienda en la ciudad de León, cargos que desempeñó de 1785 a 1801, finalmente José Roberto Sacasa Marenco fue nombrado de nuevo en 1811, Alcalde de Granada. El Rey de España, Carlos III, el 15 de mayo de 1782, por los méritos militares de su padre, por los suyos propios durante los servicios prestados en el Cabildo de Granada, por cesión de parte de sus sueldos y la donación para gastos de guerra de 30, 572 pesos que hizo a la corona, le nombró Capitán de la 1ra compañía del batallón de infantería de las milicias españolas, acantonadas en el cuartel "El Fijo," que defendía Granada en Nicaragua que estaba localizado entre las ciudades de Granada y Nandaime, con funciones como oficial de la Marina Militar en el puerto San Carlos del gran lago de Nicaragua a la entrada al Río San Juan y tiempo más tarde, fue ascendido a Teniente de General. José Roberto Sacasa Marenco además, se dedicó con su hijo José Crisanto Sacasa Parodi a los negocios de exportación e importación de bienes y servicios y al transporte de personas y bienes entre las ciudades de Cartagena de Indias y Portobello en Nueva Granada, Panamá y Granada y León en Nicaragua, a través del río San Juan y los grandes lagos, y vice-versa, actividades en las que tuvo mucho éxito. Sin embargo, la fortuna acumulada con sus negocios le ocasionó contrariedades y complicaciones con las autoridades fiscales españolas, que el 15 de marzo de 1811 y el 27 junio de 1814, a él, a su hijo José Crisanto Sacasa Parodi y a otros, les acusaron de introducir contrabando en las goletas "Tres amigos, Tiro, Úrsula, Carmen y Rosalía" por lo que fueron condenados a la confiscación de las mercaderías y a pagar multas. Sacasa y su hijo apelaron ante la Real Audiencia de Guatemala donde fueron absueltos y exonerados de toda culpa.[10]

José Roberto Sacasa Marenco contrajo matrimonio con la Sra. Paula Parodi Durán, nacida en 1760, ella fue hija del Italiano-Genovés Sr. Giovanni Giuseppe Parodi y de su esposa Sra. María del Carmen Durán Cabeza de Vaca y Espinoza. José Roberto Sacasa Marenco y su esposa Paula Parodi Durán solamente tuvieron un hijo a quién llamaron, José Crisanto Sacasa Parodi, nacido el 5 de julio de 1774 y bautizado el 25 de octubre de 1774 en Granada, Nicaragua. José Roberto Sacasa Marenco, fuera de matrimonio tuvo varias relaciones y se han encontrado datos de descendencia en dos de ellas:

---

[10]Revista de la Academia de Geografía e Historia de Nicaragua. Tomo XLII. Managua, Nicaragua. 1977. pp. 52-96. Nota: Aquí aparecen listados y resumidos los expedientes de los procedimientos contra Roberto Sacasa Marenco acusado de contrabando por oficiales de la corona Española.

Archivo General de Indias, Sevilla, España. Hoja de Servicios de Don Roberto Sacasa en 1794. Guatemala 686.

Pérez, Jerónimo. Obras Históricas Completas del Lic. Jerónimo Pérez. Con notas del Dr. Pedro Joaquín Chamorro Zelaya. En la sección correspondiente a "Biografía de don Crisanto Sacasa". Managua, Nicaragua. Imprenta Nacional 1928. pp. 443-479.

I.-) Sra. Ubalda Rosalía de la Selva Mayor, hija del Sr. Francisco Selva del Castillo, de esa relación nacieron varios hijos:

1.-) La Sra. Ubalda Antonia de la Selva Sacasa, quien contrajo matrimonio con el Coronel Francisco Antonio de Ugarte de la Cerda, de cuyo matrimonio nació una hija: Sra. .Juana Rufina Ugarte de la Selva Sacasa que contrajo matrimonio con el Jefe de Estado de Nicaragua, Senador Pedro Benito Pineda;

2.-) Lic. Silvestre de la Selva Sacasa fue Jefe de Estado de Nicaragua y contrajo matrimonio con la Sra. Sabina Estrada y;

3.-) El Dr. Buenaventura de la Selva Sacasa contrajo matrimonio con la Sra. Teresa Glenton.

II.-) La Sra. Concepción Juárez, de la que nació el Dr. Gregorio Juárez Sacasa, casado a su vez con la Sra. Teresa Narváez. El Dr. Gregorio Juárez Sacasa, abogado y político en Nicaragua en la segunda mitad del siglo XIX. Las ramas de la familia Sacasa fundadas por el Teniente de General José Roberto Sacasa Marenco, son consideradas como las más prominentes de la familia Sacasa.

La trayectoria de la familia Sacasa como gobernantes de Nicaragua es larga y notable, configurando una dinastía de dieciocho (18) de ellos, entre jefes de estado, directores de estado y presidentes de Nicaragua, siendo la dinastía más larga, pero no consecutiva, de gobernantes en la historia moderna del país, la mayoría de ellos liberales; los que superan en número a la familia Chamorro de la que algunos de sus miembros forman parte de ella, y es casi alcanzada por la familia Somoza, que forma parte de ella, y que son los que a continuación enumero y describo. [11]

1.- Coronel y Dr. José Crisanto Sacasa Parodi. Miembro de la Junta de Gobierno de Granada en 1821 y Miembro de la Junta de Gobierno de Managua en 1824.

Nació en Granada, Nicaragua el 25 de octubre de 1774 y falleció en León, Nicaragua el 25 de octubre de 1824. [12]

---

[11] La Familia Sacasa. <u>Revista Conservadora del Pensamiento Centroamericano</u>. Managua, Nicaragua. No. 22. 1962.

Argüello Rivas, Rogers Camilo. <u>Árbol Genealógico de las Familias Argüelles, de Argüello y de Argolo de España y Portugal en América.</u> Managua, Nicaragua 2008.

[12]Partes pertinentes de la inscripción de la partida de Bautismo de José Crisanto Sacasa Parodi, están detalladas en el trabajo de: Caldera Cardenal, Norman. <u>El Paso Entre Los Mares: La Familia Sacasa y el Poder en Nicaragua.</u> Managua, Nicaragua 1ra. Edición. 2011 *Ibíd.* "Don Gregorio Gutiérrez Clérigo Presbítero, en Granada, a cinco días del mes de noviembre de mil setecientos setenta y cuatro; con licencia del señor Cura y Vicario hice los exorcismos, puse óleo y crisma a José Crisanto, niño Español, hijo legítimo y de legítimo matrimonio de don Roberto Sacasa y doña Paula Parodi su legítima mujer, habiéndole bautizado en caso de necesidad el día veinticinco de octubre de dicho año don Vicente Ugarte, Clérigo Presbítero: fueron padrinos don Manuel Antonio Arana y doña María del Pilar Sacasa, nació este niño el día veinticinco de dicho mes: para que

Fue hijo del Teniente de General José Roberto Sacasa Marenco y de la Sra. Paula Parodi Durán, José Roberto por su lado, fue hijo del Capitán José Francisco Sacasa Belausteguigoitia Salinas y de la Sra. María Lucía Marenco López del Corral.

Contrajo matrimonio en 1805 con **Mariángeles Méndez de Figueroa Díaz Cabeza de Vaca** hija del Sr. Bernardo José Méndez de Figueroa y de la Sra. Tomasa Díaz Cabeza de Baca, de ellos nacieron varios hijos a saber:

I.-) Dr. **Juan Bautista Sacasa Méndez**, contrajo matrimonio con Casimira Sarria Montealegre, hija de Ramón de Sarria y Reyes, agricultor, ganadero y comerciante de León y de su esposa Francisca Montealegre Romero, también de una familia de León;

II,-) Lic. **José Trinidad Sacasa Méndez**;

III.-) **Carmen Sacasa Méndez**, contrajo matrimonio con el Sr. José Inocencio Lacayo Agüero;

IV.-) **Ana Dionisia Sacasa Méndez**, contrajo matrimonio con el Sr. José Antonio Lacayo Agüero;

V.-) **Dolores Sacasa Méndez**, contrajo matrimonio con el Director Supremo del Estado de Nicaragua Lic. Laureano Pineda Ugarte;

VI.-) **Concepción Sacasa Méndez**, contrajo matrimonio con el Lic. Juan Francisco Aguilar del Villar, Secretario

---

conste lo firmo- Don José Antonio Lacayo. Gregorio José Gutiérrez."

Relator del Acta de Independencia de Nicaragua del 28 de septiembre de 1821, "Acta de los Nublados", y Tercer Rector de la Real Universidad de León 1822-1826;

VII.-) Dr. **José Francisco Sacasa Méndez**, contrajo matrimonio tres veces, la 1ra con la Sra. María Bermúdez Feria, la 2da.con la Sra. Mercedes Alvarado y la 3ra con la Sra. Pastora Argüello Feria; y
VIII.-) **Salvador Sacasa Méndez**, contrajo matrimonio con la Sra. Manuela Cuadra Lugo.[13]

---

[13]Caldera Cardenal, Norman. El Paso Entre Los Mares: La Familia Sacasa y el Poder en Nicaragua. Managua, Nicaragua 1ra. Edición 2011. *Ibíd.* El Dr. Francisco Sacasa Méndez, contrajo matrimonio primero con la Sra. María Bermúdez Feria, de quién descienden, entre otros el Coronel Francisco Sacasa Bermúdez, líder con el General Patricio Centeno Martínez, de los indígenas flecheros de Matagalpa y Jinotega que atacaron en San Jacinto e hicieron huir derrotados a los filibusteros liderados por Byron Cole el 14 de septiembre de 1856. Al fallecer María, Francisco contrajo matrimonio por segunda vez con la Sra. Dolores Alvarado, de ellos descienden, entre otros, la Presidenta de Nicaragua Sra. Violeta Barrios Torres Viuda de Chamorro, el Sr. Carlos Hurtado, ex-Ministro de Gobernación, el Sr. Max Padilla, ex-Ministro de la Familia y políticos como el Sr. Ricardo Barrios y el Dr. Noel Vidaurre Barrios. Francisco contrajo matrimonio por tercera vez con la Sra. Pastora Argüello Feria, de ellos nació, Francisco Sacasa Argüello de quien desciende el Dr. Juan Ignacio Gutiérrez Sacasa y la Sra. Juana Luisa Gutiérrez Sacasa Argüello, de quiénes descienden el Sr. Milton Caldera Cardenal ex-Ministro del MARENA, el Lic. Norman Caldera Cardenal ex- Ministro de Relaciones Exteriores y ex-Ministro de Fomento, Industria y Comercio, El Lic. Dayton Caldera Solórzano ex-Viceministro de Economía, el Lic. José Antonio Baltodano y el genealogista Lic. Víctor Gabuardi Lacayo, entre otros.

Historiadores que conocieron, a José Crisanto Sacasa Parodi lo describen como un individuo de estatura regular, de figura bien proporcionada y robusta, tez blanca, cara ovalada, nariz recta y de ojos negros, uno de los cuales tenía el párpado superior caído, por lo cual le apodaban "el tuerto".

De manera que en conjunto se configuraba y parecía simpático, con su frente convexa y espaciosa, el cabello negro suelto y la cabeza erguida, mientras que visto en detalle no presentaba perfecciones especiales. A sus cualidades físicas sumaba las intelectuales al igual que valor personal, resolución, energía y astucia, atributos que le permitieron destacarse en la carrera militar, tanto más apetecida por él, dado que era la misma de su padre. Siendo José Crisanto Sacasa Parodi el único heredero de una considerable fortuna y la persona de confianza de su padre, que escribía y redactaba con facilidad, y que en sus apuros podía dictar a dos escribanos sobre distintos asuntos, se constituyó por derecho propio en administrador de los bienes de la familia y en confidente de su referido, padre en sus menesteres personales y oficiales.[14]

José Crisanto Sacasa Parodi desde muy joven se dedicó con su padre al comercio de exportación e importación de bienes y servicios y al transporte de personas entre Cartagena de Indias y Portobello, en Nueva Granada, Panamá y Granada y León en Nicaragua, a través del río San Juan, actividades en las que por su talento y

---

[14] Caldera Cardenal, Norman. El Paso Entre Los Mares: La Familia Sacasa y el Poder en Nicaragua. Managua, Nicaragua 1ra. Edición 2011. Ibíd.

habilidades tuvo mucho éxito. Sin embargo, la fortuna acumulada en sus negocios le ocasionó un sin número de contrariedades con las autoridades fiscales españolas, que llegaron hasta acusarle el 15 de marzo de 1811 y el 27 junio de 1814, a él, a su padre **José Roberto Sacasa Marenco** y a otros, de introducir contrabando en las goletas "Tres amigos, Tiro, Úrsula, Carmen y Rosalía" por lo que fueron condenados a la confiscación de las mercaderías y a pagar multas. José Crisanto Sacasa y su padre apelaron su caso ante la Real Audiencia de Guatemala y fueron absueltos y exonerados de toda culpa.[15] Por los servicios prestados a la corona, Sacasa Parodi el 15 de mayo de 1782 fue promovido al rango de coronel de las milicias españolas en Granada.[16]

En el mes de octubre de 1821 siendo ya Comandante de las Milicias Españolas en Granada, recibió una carta del

---

[15]Revista de la Academia de Geografía e Historia de Nicaragua. Tomo XLII. Managua, Nicaragua. 1977. pp. 52-96. Nota: Aquí aparecen listados y resumidos los expedientes de los procedimientos seguidos contra Roberto Sacasa Marenco acusado de contrabando por oficiales de la corona Española.

Archivo General de Indias, Sevilla, España. Hoja de Servicios de Don Roberto Sacasa en 1794. Guatemala 686.

Pérez, Jerónimo. Obras Históricas Completas del Lic. Jerónimo Pérez. Notas del Dr. Pedro Joaquín Chamorro Zelaya. En la sección correspondiente a "Biografía de don Crisanto Sacasa". Managua, Nicaragua. Imprenta Nacional 1928. pp. 443 479.

[16] Cardenal, Tellería Marco A. Nicaragua y su Historia. Con Prólogo y Notas de Sergio A. Zeledón Blandón. Editorial Printex SA. Managua, Nicaragua año 2000. P. 198

Gobernador y Capitán General, de Guatemala, Brigadier Gabino Gaínza y Fernández Medrano (Vizcaya, País Vasco, 1753 – México, 1829) informándole sobre la declaración de independencia de Guatemala, tanto de España como de México y ordenándole hacer prestar juramento de fidelidad a la independencia de España y de México a las tropas bajo su mando y que organizara una Junta de Gobierno Independiente en Granada, de la que formaría parte lo que éste hizo el 3 de octubre de 1821.[17] Gabino Gaínza también le nombró el 22 DE NOVIEMBRE DE 1821 Comandante General de las Armas, y siempre bajo sus instrucciones el 22 de diciembre de 1821 le ordenó disolver la Junta de Gobierno de Granada.[18]

Al estallar la guerra civil entre independentistas-conservadores republicanos e independentistas-liberales republicanos, José Crisanto Sacasa se vio forzado a abandonar Granada con sus tropas conservadoras ante el ataque de las tropas liberales lideradas por el coronel

---

[17] Orden General para el 3 de Octubre de 1821. Los Comandantes de los cuerpos respectivos, dispondrán que los individuos de su mando estén en la plaza principal el día de mañana a las ocho, formando en batalla para jurar militarmente la independencia General del Gobierno Español, conforme la superior orden del M.Y.S. Sub Inspector y Capitán General Brigadier don Gabino Gaínza; a cuyo efecto irán preparados con los cartuchos suficientes para las tres descargas que para solemnizar dicho acto deben hacerse. Firmado: Crisanto Sacasa. En Caldera Cardenal, Norman. El Paso Entre Los Mares: La Familia Sacasa y el Poder en Nicaragua. *Ibíd.*

[18] Pérez, Jerónimo. Obras Históricas Completas. *Ibíd.* P.457

Cleto Ordóñez Yrigoyen, quién le cercó, hizo rendir y arrestó el 16 de enero de 1823, desterrándole al puerto lacustre de San Carlos, lugar de donde Sacasa, con ayuda de sus amigos muy pronto se escapó, regresando a las vecindades de Granada, donde reagrupó sus tropas y atacó de nuevo Granada ocupada por Ordóñez, esta vez sin éxito, viéndose forzado el 24 de agosto de 1824 a irse a Managua, ciudad que se tomó. En Managua, organizó la Junta Gubernativa de Managua, formada por el capitán Lic. Pedro José Chamorro Argüello, el coronel Manuel Arzú, el sacerdote Policarpo Yrigoyen, el Lic. Juan José Zavala, el Capitán Félix Alfaro y por él mismo.

José Crisanto Sacasa con el coronel Salas recogieron tropas y se dirigieron a León que estaba en manos de los liberales; en el camino se les juntaron las tropas que llevaban Mariano Montealegre e Isidro Pérez y todos juntos atacaron León. Durante el ataque a León, el 18 de noviembre de 1824, José Crisanto Sacasa Parodi fue herido de gravedad en el pecho por una bala, muriendo el día 26 auxiliado por su hijo el también Dr. Médico José Francisco Sacasa Méndez.[19] Republicano/ Conservador.

---

[19] Zelaya, Chéster. Nicaragua en la Independencia. EDUCA, San José Costa Rica. 1971. pp. 224, 319.

Cardenal, Tellería Marco A. Nicaragua y su Historia. Con Prólogo y Notas de Sergio A. Zeledón Blandón. pp. 253-259.

Pérez, Jerónimo. Obras Históricas Completas. *Ibíd.* pp. 448-450. 477-478.

Juan Argüello del Castillo
Jefe de Estado de Nicaragua
1826-1829

2- Lic. Juan Argüello del Castillo. Fue Alcalde de Granada, Sub-Jefe y Jefe de Estado de Nicaragua (1825-1829.)

Fue hijo del Capitán Narciso José de Argüello y Monsiváis y de su esposa Sra. Ana Joaquina del Castillo De Ugarte. Contrajo matrimonio con la Sra. Tomasa Chamorro Sacasa, hija del Sr. Joaquín Chamorro Fajardo, hijo a su vez del Sargento Mayor Diego Chamorro y Sotomayor y Murga y de su esposa la Sra. Josefina Sacasa Marenco, hija del Capitán Francisco Sacasa Belausteguigoitia y Salinas y de su esposa Sra. María Lucía Marenco López del Corral.

Juan fue electo Alcalde de Granada el 1 de enero de 1811 y el 22 de diciembre de 1811 junto con el Regidor de la ciudad Manuel Antonio de la Cerda y Aguilar, convocaron al pueblo de la ciudad de Granada y de sus vecindades a una Asamblea o "Cabildo Abierto" para informarles sobre los acontecimientos en España y discutir sobre la independencia nacional. El Cabildo decidió desconocer a las autoridades de la corona Española en Granada, hizo renunciar a todos sus funcionarios y empleados que fueron a forzados a irse a Masaya los alzados se organizaron militarmente y el 8 de enero de 1812 atacaron y se tomaron la fortaleza San Carlos en la salida del río San Juan, que protegía Granada.

Al enterarse de lo ocurrido, el Gobernador y Capitán General de la Capitanía General de Guatemala José de Bustamante y Guerra, calificó a los líderes de los alzados Capitán, José Telésforo Argüello, Lic. Juan Argüello Alcalde de Granada, Teniente Coronel y Jefe de las Milicias Manuel Lacayo Marenco, Teniente de Milicias don Joaquín Chamorro Fajardo, Regidor Manuel Antonio de la Cerda y Aguilar, Sub Teniente Juan de la Cerda y a cinco más, como "los diez más arrojados criminales."

Bustamante y Guerra, el 18 de mayo de 1812 recibió un detallado informe que le hizo llegar el Gobernador y Obispo de Nicaragua Fray Nicolás García Jerez y ordenó el envío de un contingente de tropas a Nicaragua al mando del Sargento Mayor Pedro Gutiérrez y del Capitán Palomares desde Honduras, a fin de sofocar la rebelión pro-independencia en Masaya, Rivas y Granada. Las tropas entraron en las ciudades, sofocaron la rebelión y llegaron a un acuerdo de paz con los alzados, que incluía no tomar represalias contra ellos. Sin embargo este acuerdo, no fue aceptado por Bustamante quién ordenó a Gutiérrez y Palomares que capturaran a los conjurados anti-realistas e instruyó al Síndico/Fiscal Sargento Mayor Alejandro Carrascosa para que formalizara cargos y les acusara de sedición. Un número de cerca de 200 personas fueron acusadas de sedición el 23 de julio de 1813, entre ellos se destacaban sus líderes Juan Argüello y Manuel Antonio De la Cerda. Todos fueron condenados a penas de destierro y luego remitidos a prisiones en Guatemala, al Norte de África y a Cádiz en España a cumplir sus condenas. A finales de 1816, en ocasión de celebrar su matrimonio con María Isabel de Braganza, el Rey de España, Fernando VII emitió una Ley de Amnistía General y el 25 de enero de 1817 todos los desterrados fueron indultados, la mayor parte de ellos regresaron a Nicaragua salvo unos pocos que habían fallecido. [20]

---

[20] Zelaya, Chester. *Nicaragua en la independencia*. Editorial EDUCA. 1971 *Ibíd.* P. 77.

Lic. Manuel Antonio de la Cerda
Primer Jefe de Estado de Nicaragua Independiente
1825-1828.

El 22 de abril de 1825, luego de crearse la República Federal de Centroamérica, el **Lic. Manuel Antonio de la Cerda y Aguilar** fue electo Primer Jefe de Estado de Nicaragua, y el **Lic. Juan Argüello del Castillo** como primer Vice–Jefe del Estado de Nicaragua.

El 8 de abril de 1826 se juramentó la primera constitución política del Estado de Nicaragua cuya elaboración estuvo bajo la responsabilidad del Vice-Jefe del Estado Juan Argüello del Castillo.

Argüello presionó con sus partidarios al Jefe de Estado Manuel Antonio de la Cerda y Aguilar y le forzó a renunciar a la Jefatura del Estado el 2 de agosto de 1826. Argüello convocó a elecciones para un nuevo Jefe de Estado a los electores. Los Candidatos fueron, el Vice-Jefe Juan Argüello del Castillo y el Dr. y Coronel José Crisanto Sacasa Parodi. Juan Argüello del Castillo, hombre rico e influyente a través de su dinero y de sus relaciones familiares, logró controlar los votos de los miembros de la "Asamblea de Electores" y ganó las elecciones para Jefe de Estado de Nicaragua.

Argüello en uno de sus primeros actos de gobierno nombró como Ministro General y Jefe de las Armas de Nicaragua a su primo y concuño el Sr. Narciso Arellano del Castillo. Juan Argüello estaba casado con la Sra. Tomasa Chamorro Sacasa y Arellano estaba casado con la Sra. María Luisa Chamorro Sacasa (María Luisa y Tomasa Chamorro Sacasa, hijas del Sr. Joaquín Chamorro Fajardo y de su esposa Sra. Josefina Sacasa Marenco, hija a su vez del Capitán José Francisco Sacasa Belausteguigoitia Salinas y de su esposa Sra. María Lucía Marenco López del Corral.)

El 14 de septiembre de 1827 Juan Argüello del Castillo fue acusado por ex-Jefe de Estado Manuel Antonio de la Cerda y Aguilar ante las autoridades federales de haberle forzado a su renuncia a Jefe de Estado y de hacer fraude en la elección a Jefe de Estado de Nicaragua. Argüello fue arrestado por el Coronel Cleto Ordóñez, Inspector General de los Ejércitos Federales quién le sancionó al destierro a El Salvador. Ordóñez convocó a nuevas elecciones para Jefe de Estado y el 24 de septiembre de 1827 Manuel Antonio De la Cerda y Aguilar fue re-electo Jefe de Estado de Nicaragua.

El 5 de agosto de 1828, Juan Argüello se fugó de su destierro en El Salvador y regresó a Nicaragua, desconoció el gobierno de De La Cerda y reclutó hombres para tratar de recuperar el poder que consideraba le había sido usurpado.

Manuel Antonio de la Cerda que estaba en la ciudad de Rivas, fue informado de lo acaecido pero no pudo regresar a Granada porque fue traicionado por su Jefe de las fuerzas militares Francisco Argüello Aguilar, (primo de Juan Argüello), quién lo hizo arrestar y lo encerró en prisión. Juan Argüello acusó a Manuel Antonio De la Cerda de traidor, le sometió a juicio y le condenó a morir fusilado, lo que las fuerzas militares de Juan, bajo el mando de Narciso Arellano hicieron efectivo.

Cuando De la Cerda fue arrestado por las fuerzas de Argüello, los partidarios de De La Cerda, enviaron emisarios a Honduras y a Guatemala al Presidente de Centroamérica Francisco Morazán, denunciando los desmanes de Argüello. Morazán en octubre de 1928 pidió al Coronel Dionisio Herrera ex- Jefe de Estado de

Honduras que viajara a Nicaragua como enviado especial del Gobierno Federal de Guatemala y pusiera el orden en Nicaragua, Manuel Antonio De la Cerda fue fusilado en la ciudad de Rivas el 27 de noviembre de 1828.

Herrera llegó a Nicaragua con las tropas federales y convocó a la Asamblea Nacional de Nicaragua a una reunión extraordinaria en la ciudad de Rivas, Herrera responsabilizó a Argüello por el ejecución de Manuel Antonio de la Cerda y por los asesinatos cometido por los hombres de Argüello de prominentes miembros del gabinete de gobierno de De la Cerda, el 29 de enero de 1829, cuando les conducían prisioneros a la Isla La Pelona del Gran Lago de Nicaragua. Herrera también solicitó a la Asamblea Nacional de Nicaragua la destitución de Juan Argüello del Castillo como Jefe de Estado de Nicaragua y la convocación nuevas elecciones para un nuevo Jefe de Estado de Nicaragua.

Juan Argüello del Castillo en su ambición y búsqueda por el poder fue responsabilizado de:

1) La muerte el 15 de febrero de 1827, del Jefe de Estado de Nicaragua Pedro Benito Pineda, quién fue asesinado junto con su Ministro de Gobierno Miguel de la Cuadra Montenegro por hombres armados a su servicio; 2) La ejecución sumaria del 1er. Jefe de Estado de Nicaragua Manuel Antonio de la Cerda el 27 de noviembre de 1828; y 3) El asesinato de los principales funcionarios del gobierno de De la Cerda, en las vecindades de la isleta "La Pelona" en el gran lago de Nicaragua el 29 de enero de 1829, donde los ex-funcionarios quiénes estaban detenidos bajo responsabilidad del Ministro de Gobierno, primo y concuño, del Jefe del Ejército de Juan Argüello,

Sr. Narciso Arellano del Castillo, eran trasladados como prisioneros.

Entre los asesinados se encontraban: el Ministro de Gobierno de De la Cerda Lic. Juan Francisco de Aguilar del Villar, hijo del capitán Luis Francisco de Aguilar y de la Sra. María del Villar y quién estaba casado con la Sra. Concepción Sacasa Méndez hija del coronel José Crisanto Sacasa Parodi y de su esposa Sra. Ángela Méndez; el Lic. Juan Francisco de Aguilar del Villar, además, había sido el Secretario Relator y fue quien con su firma legalizó, el Acta de Independencia de Nicaragua, conocida como "Acta de los Nublados," suscrita en León, el 28 de septiembre de 1821, había sido también de 1822 a 1826, rector de la Real Universidad de León.

Por presión ejercida por las familias Sacasa y Chamorro, con las cuales varios de los asesinados estaban vinculados, el Ministro de Gobierno y Jefe del Ejército, Narciso Arellano del Castillo, ordenó abrir una investigación que puso a cargo del comandante militar del lugar Sr. Cándido Flores, quien achacó la culpa de los hechos a una borrachera de los oficiales y soldados encargados del traslado de los prisioneros, a la isla La Pelona en las isletas del lago de Granada, no encontrando responsabilidad en los hechos en Argüello o en Arellano.

No obstante el resultado de la investigación ordenada por Arellano, Juan Argüello y el mismo Narciso Arellano, fueron destituidos de sus cargos por el Coronel Dionisio Herrera, enviado especial del Gral. Francisco Morazán Presidente del Gobierno Federal de Centroamérica.

Finalmente, Herrera ordenó, que Juan Argüello del Castillo fuera desterrado a Guatemala y Narciso Arellano del Castillo a una finca suya en Chontales, Nicaragua, lugares donde ambos pasaron el resto de sus vidas. [21]

---

[21]Pérez, Jerónimo. <u>Obras Históricas Completas del Lic. Jerónimo</u>

Pérez. Managua, 1928. pp. 507-509, 540- 545.

Arellano Cabistán, Faustino. La Pelona y el Lic. Jerónimo Pérez. Granada 1876. En Revista Conservadora del Pensamiento Centroamericano, Managua, Nicaragua # 7 Febrero 1971. Suplemento o Separata La Voz Sostenida a cargo de Orlando Cuadra Downing.pp. 103-104.

Cruz Sequeira, Arturo, Memoirs of a Counter-Revolutionary. Life with the Contras, the Sandinistas and the CIA. Doubleday 1989. pp. 6-9.

Cardenal, Tellería Marco A. Nicaragua y su Historia. Con Prólogo y Notas de Sergio A. Zeledón Blandón. *Ibíd.* pp. 252-371.

Argüello Rivas, Rogers Camilo. Árbol Genealógico de las familias Argüelles, de Argüello y de Argolo de España y Portugal en América. Managua, Nicaragua 2008.

Zelaya, Chester. Nicaragua en la Independencia. Editorial EDUCA Costa Rica. 1971. pp. 65-68.

Quintana, Osmán. Apuntes de Historia de Nicaragua. Editorial FANATEX, 1984.

Gámez, José Dolores. Historia de Nicaragua, Colección Cultural Banco de América. Serie Histórica No. 3. pp. 425-426.

Díaz Lacayo, Aldo. Gobernantes de Nicaragua (1821-1956) Guía para el Estudio de sus Biografías Políticas. Con Prólogo de Eduardo Pérez Valle. Aldilá Editores. Managua Nicaragua 1996. pp. 18-24'

Caldera Cardenal, Norman. El Paso Entre Los Mares: La Familia Sacasa y el Poder en Nicaragua. Managua, Nicaragua 1ra. Edición 2011.

Alvarado Martínez, Enrique. Doña Damiana. Fondo Cultural BANIC, Managua, Nicaragua. 1998.

De la Cerda y Argüello cargan con la responsabilidad histórica de haber emitido las primeras leyes de carácter represivo en Nicaragua, quiénes debieron haber pasado a la historia de Nicaragua entre los "Padres Fundadores de la Patria," no estuvieron a la altura de sus cargos puesto que pudo más en ellos el fanatismo religioso y el autoritarismo político, su cortedad de visión, sumada al nepotismo, la arrogancia y la ambición desmedida de poder llevó la división y la guerra fratricida a Nicaragua.

El Primer Jefe de Estado de Nicaragua **Manuel Antonio de la Cerda Aguilar** el 25 de Mayo de 1825 **emitió las primeras leyes represivas en la historia de Nicaragua**.

El decreto, reaccionario y totalitario, contenía 29 artículos con prohibiciones de todo tipo en las cuales de una manera directa se restringían los derechos y libertades fundamentales del individuo.

De la Cerda un católico y conservador ultra reaccionario, lo emitió con la idea de congraciarse con los ultras en el Gobierno Federal.

En sus partes medulares el "Decreto" establecía lo siguiente:
Que la libertad de palabra no es extensiva a la religión, castigándose a quien la ataque y conserve libros que la dañen.
Que todos los padres de familia están obligados a enseñar un oficio a sus hijos, para que sean útiles a la patria y a la sociedad.

Se prohíbe el abuso del aguardiente.

Se prohíbe el amancebamiento.

Se prohíbe toda especie de robo, la posesión de cosa saqueada aunque tenga el título de comprada.

Se prohíbe todo ataque personal con expresiones insultantes.

Se prohíben los incendios de los montes y campos,

Se prohíbe el uso de armas en poblados.

Se prohíben los bailes, paseos, música y cantos fuera de las horas permitidas.

Se perseguirá a los vagos.

Se prohíbe la cría de animales en tierras de labranzas,

Se prohíbe pedir limosna.

Queda prohibido el tránsito de personas sin pasaporte por caminos y poblados.

Se prohíben los juegos de azar y

Se prohíben las reuniones populares que tiendan a alterar el orden público.

Se establecía la pena de muerte para los violadores de las disposiciones del Bando en referencia a colaborar con los rebeldes republicanos" [22]

Manuel Antonio de la Cerda y Juan Argüello en lugar de encauzar a su patria por rumbos de paz, libertad, y progreso, la hundieron desde sus inicios en la desgracia material y moral pasando a la historia como sus primeros tiranos. Compartido con los Chamorro (Ver este mismo documento en la III Parte, correspondiente a los Chamorro). Conservador.

---

[22]Ramírez Morales, Lic. José- COMENTARIO A LA HISTORIA DE NICARAGUA 1821-1994. Edición Propia MIAMI 1996- Pag.18.

3- Jefe de Estado de Nicaragua, Senador y Lic. Pedro Benito Pineda (1826-1827.)

Hijo del español Capitán Martín Alonso Joseph de Pineda y Góngora y de una esclava liberta hija a su vez de una esclava de origen africano al servicio de Pineda. Contrajo matrimonio con la Sra. Juana Rufina Ugarte de la Selva, hija a su vez del Coronel Francisco Antonio Ugarte de la Cerda y de la Sra. Ubalda Antonia Selva Sacasa, hija a su vez del Teniente de General José Roberto Sacasa Marenco y de la Sra. Rosalía Selva del Castillo Mayor José Roberto por su lado, fue hijo del Capitán José Francisco Sacasa Belausteguigoitia Salinas y de su esposa Sra. María Lucía Marenco López del Corral.

Pedro Benito Pineda fue asesinado el 15 de febrero de 1827 junto con su Ministro de Gobierno Lic. Miguel de la Cuadra Montenegro, también mulato, por testaferros de Juan Argüello del Castillo a quien se responsabilizó por los hechos. Liberal. [23]

---

[23] Cardenal, Tellería Marco A. Nicaragua y su Historia. Con Prólogo y Notas de Sergio A. Zeledón Blandón. *Ibíd.* pp. 257-259

Gámez. José Dolores. Historia de Nicaragua. Colección Cultural Banco de América No. 3.1977. P. 389.

Zeledón Blandón, Sergio A. Dr. Biografía, Historia y Genealogía de la familia Pineda y Góngora de Nicaragua. Manuscrito no publicado. Miami, Florida 2006.
Romero Vargas, Germán Dr. Las Estructuras Sociales de Nicaragua en el Siglo XVIII *Ibíd.* P 489

Caldera Cardenal, Norman. El Paso Entre Los Mares: La Familia

4.- Senador y Lic. Silvestre de la Selva Sacasa. Jefe de Estado de Nicaragua. (1844-1845.)

Nació en Granada, Nicaragua el 31 de diciembre de 1777 y falleció el 31 de diciembre de 1855. Fue hijo del Teniente General José Roberto Sacasa Marenco y de la Sra. Ubalda Rosalía Selva del Castillo, José Roberto por su lado, fue hijo del Capitán José Francisco Sacasa Belausteguigoitia Salinas y de su esposa Sra. María Lucía Marenco López del Corral. Contrajo matrimonio con la Sra. Sabina Estrada Carrillo, nacida en Liberia, Guanacaste, Costa Rica ellos son los fundadores de la familia Selva Sacasa cuyos miembros se han destacado en la política y en las artes en Nicaragua, contándose entre ellos, a su hija Fernanda de la Selva Estrada que se casó con el presidente de Nicaragua (1867-1871) General, Fernando Guzmán Solórzano.[24] Liberal.

Sacasa y el Poder en Nicaragua. Managua, Nicaragua 1ra. Edición 2011.

[24] Cardenal, Tellería Marco A. Nicaragua y su Historia. Con Prólogo y Notas de Sergio A. Zeledón Blandón. *Ibid.* P. 276

5- Lic. Laureano Pineda Ugarte. Director Supremo del Estado de Nicaragua (1851-1853.)

Fue hijo del Ex-Jefe de Estado de Nicaragua Lic. José Benito Pineda y de la Sra. Juana Rufina Ugarte Selva; hija a su vez del Coronel Francisco Antonio de Ugarte de la Cerda y de la Sra. Ubalda Antonia Selva Sacasa, hija a su vez del Teniente de General José Roberto Sacasa Marenco y de la Sra. Rosalía Selva del Castillo Mayor; José Roberto a su vez, fue hijo del Capitán José Francisco Sacasa Belausteguigoitia Salinas y de su esposa Sra. María Lucía Marenco López del Corral. Contrajo matrimonio con la Sra. Dolores Sacasa Méndez, hija a su vez del Coronel José Crisanto Sacasa Parodi y de la Sra. Mariángeles Méndez de Figueroa y Díaz Cabeza de Vaca, José Crisanto por su lado, fue hijo del Teniente de General José Roberto Sacasa Marenco y de su esposa Sra. Paula Parodi Durán; José Roberto a su vez, fue hijo del Capitán José Francisco Sacasa Belausteguigoitia Salinas y de su esposa Sra. María Lucía Marenco López del Corral.

Abogado graduado en la Real Universidad de León en 1825, de ideología Liberal, desde joven apoyó la causa de la Independencia de Centroamérica de España. Escribió el Primer Código Penal de Nicaragua en 1835 siendo aprobado por la Asamblea Nacional en 1839. Fue Ministro de Gobierno bajo el Director de Estado de Nicaragua Lic. José León Sandoval. Fue electo Diputado a la Asamblea Constituyente de 1848 y fue uno de los pocos que se rehusó a firmar el 7 de marzo de 1848 bajo la presión de la armada inglesa, la aprobación del oneroso "Tratado de la Isla de Cuba" firmado con los invasores Ingleses que con sus barcazas sitiaban

Granada, "tratado" que les cedió el control del puerto de San Juan del Norte, de la ruta canalera por el río San Juan, los grandes lagos y la aceptación el protectorado Británico el sobre el entero territorio de la Mosquitia. [25]

Fue electo Jefe de Estado de Nicaragua en 1851 y fue quién trasladó la capital de Nicaragua a Managua a fin de terminar con las diferencias entre León y Granada por dicha sede. Su gobierno sufrió la asonada del jefe militar General José Trinidad Muñoz a quién finalmente con apoyo del Presidente Lindo de Honduras y bajo la negociación del Ministro de Relaciones Exteriores Pedro J. Zeledón Mora, quién le logró convencer, se retractó y salió de Nicaragua al exilio a El Salvador. Su administración fue progresista, creó escuelas, mejoró caminos y reformó la estructura administrativa del Estado, se le considera como uno de los mejores gobernantes de Nicaragua en el siglo XIX.[26] Liberal.

---

[25]British and Foreign STATE PAPERS 1848-1849. Vol. XXXVII.*Ibid.*pp. 740-770.

[26] Cardenal, Tellería Marco A. Nicaragua y su Historia. Con Prólogo y Notas de Sergio A. Zeledón Blandón. *Ibíd.* pp. 299-304.

Caldera Cardenal, Norman. El Paso Entre Los Mares: La Familia Sacasa y el Poder en Nicaragua. Managua, Nicaragua 1ra. Edición. 2011.

**Gral. Fernando Guzmán Solórzano
Presidente de Nicaragua
(1867-1871)**

6- General Fernando Guzmán Solórzano. Presidente de Nicaragua, (1867-1871).

Fue hijo del sacerdote católico, Sr. Camilo Solórzano Pérez de Miranda y de la Sra. Rosa Guzmán, una dama de Granada, Nicaragua.

Fernando Guzmán contrajo matrimonio con la Sra. Fernanda Selva Estrada, hija del ex-Jefe de Estado de Nicaragua Lic. Silvestre Selva Sacasa y de la Sra. Sabina Estrada Carrillo. Silvestre a su vez fue hijo del Teniente de General José Roberto Sacasa Marenco y de la Sra. Rosalía Selva del Castillo Mayor; José Roberto por su lado, fue hijo del Capitán José Francisco Sacasa Belausteguigoitia Salinas y de su esposa Sra. María Lucía Marenco López del Corral. Fue comerciante, agricultor, militar y político siendo electo en 1853 como Diputado a la Asamblea Nacional de Nicaragua en el gobierno del ya entonces General-Presidente Fruto Chamorro Pérez.

Otro hecho importante en la vida de Guzmán, acaeció durante la "Guerra Nacional," cuando los principales jefes militares y líderes civiles legitimistas, encabezados por el General Fernando Chamorro Alfaro y el Capitán Joaquín Zavala Solís se reunieron en la ciudad de Matagalpa y llegaron a un acuerdo por el que reconocieron al Lic. José María Estrada, como "Legítimo Presidente de Nicaragua" y sucesor del fallecido General Fruto Chamorro Pérez jurando "defenderlo con todos sus haberes hasta la última gota de su sangre," escogiendo al Diputado y General Fernando Guzmán Solórzano como "Presidente Interino del Ejecutivo Legitimista" y al General Fernando Chamorro Alfaró como "Jefe del Ejército Legitimista," hasta que Estrada regresara al país de su exilio en Honduras.

Este acuerdo se conoce en la historia de Nicaragua como el "Acta de Matagalpa" porque fue en esa ciudad que lo firmaron el 20 de abril de 1856 las siguientes personas: General Fernando Chamorro Alfaro, Capitán Joaquín Zavala Solís, Teniente Coronel José Dolores Estrada Vado, Teniente Coronel Carlos Hoffman, Teniente Coronel Agustín Benard, Capitanes Miguel de Herrera, Modesto Boniche, Patricio Centeno, Pedro Castillo, Francisco Santamaría, Bartolomé Sandoval, Andrés López, Carlos Alegría, Eulogio Morales, Lorenzo Artiles, Francisco Lanuza y Pablo Lanuza, Tenientes Miguel Vélez Morazán, Tiburcio Meléndez, José F. Silva, Guillermo Paladino, Agustín Sandino, José Guadalupe Montiel, Sinforoso Montiel, Dolores Montiel, José Luis Coronel, Clemente Gutiérrez, Subtenientes Paulino Siles, Rosa Vanegas, Benito Chavarría, Marcelo Sandino, Trinidad Castillo, Dolores Martínez, N. Zúniga y A. Lanuza Proveedor, Isidoro Flores, Agente Proveedor, José Domingo Lacayo Agüero. [27]

---

[27] Cardenal, Tellería Marco A. <u>Nicaragua y su Historia. Con Prólogo y Notas de Sergio A. Zeledón Blandón.</u> *Ibid.* pp. 700

Palma Martínez, Ildefonso. <u>La Guerra Nacional. Edición Centenario 1856-1956,</u> Managua, Nicaragua 1956. P. 259.

**General Fernando Guzmán Solórzano.
Presidente de Nicaragua 1867-1871**

Fernando Guzmán Solórzano, fue amigo personal y correligionario en la política con el General y Presidente Tomás Martínez Guerrero, de quién también fue su pariente político, (la esposa de Martínez era su sobrina: Gertrudis Solórzano Zavala, hija de Francisco Solórzano Montealegre y Felipa Zavala Uzcola.)

Guzmán fue miembro de todos los gabinetes de gobierno de Martínez y cuando para Martínez se trató de apoyar a un candidato de su simpatía para que le sucediera en la presidencia en las elecciones del 1ro de Marzo de 1867, el presidente le dio a Guzmán todo su apoyo. El contrincante de Guzmán en esas elecciones fue el político liberal Dr. Juan Bautista Sacasa Méndez, Guzmán Solórzano ganó las elecciones y fue electo Presidente de Nicaragua.[28] Conservador.

---

[28] Ramírez M. José. <u>Comentarios a la Historia de Nicaragua 1821-1994</u> PP. 103.

Navas Zepeda, Máximo. Los Cancilleres de Nicaragua.

Caldera Cardenal, Norman. <u>El Paso Entre Los Mares: La Familia Sacasa y el Poder en Nicaragua</u>. Managua, Nicaragua 1ra. Edición 2011.

Romero Vargas, Germán, Dr. <u>Las Estructuras Sociales en Nicaragua en el Siglo XVIII.</u> pp. 357-358 y 388-390.

Gral. Tomás Martínez Guerrero
Presidente de Nicaragua
(1859-1867)

7.-Dr. y General Adán Cárdenas del Castillo Presidente de Nicaragua, (1883-1887.)

Fue hijo del Sr. José Miguel Cárdenas Pineda y de la Sra. María Dolores del Castillo Salinas, José Miguel a su vez fue hijo del Sr. José Cárdenas y de la Sra. Mercedes Pineda Ugarte; hija a su vez del Ex-Jefe de Estado de Nicaragua, Senador y Lic. Pedro Benito Pineda y de la Sra. Juana Rufina Ugarte Selva; ella a su vez fue hija del Coronel Francisco Antonio Ugarte de la Cerda y de la Sra. Ubalda Antonia Selva Sacasa; ella a su vez fue hija del Teniente de General José Roberto Sacasa Marenco y de la Sra. Rosalía Selva del Castillo Mayor; José Roberto por su lado, fue hijo del Capitán José Francisco Sacasa Belausteguigoitia Salinas y de su esposa Sra. María Lucía Marenco López del Corral. Adán Cárdenas contrajo matrimonio dos veces, la primera con la Sra. María Asunción Hurtado y al enviudar de ella, contrajo matrimonio con la Sra. Gertrudis Martínez Solórzano hija del Ex-Presidente de Nicaragua, General Tomás Martínez Guerrero y de su esposa la Sra. Gertrudis Solórzano Zavala.

Se graduó de Médico en la Universidad de Pisa, Italia en 1862 y practicó su profesión en Nicaragua. Fue también político llegando a ser Diputado y Senador y también Médico Militar, llegando a ser General en Jefe del Cuerpo Médico del Ejército de Nicaragua. Se postuló como candidato a la Presidencia de Nicaragua en las elecciones que se llevaron a cabo el 1 de marzo de 1883 apoyado por un grupo independiente llamado Partido Progresista, con un programa que ofrecía mejorar la infraestructura de transporte, crear trabajos, mejorar la administración pública y la educación, entre otras cosas. Atrajo los votos electorales y logró vencer a los favoritos conservadores y a los liberales, ocupando su cargo con mucho éxito hasta el 1 de abril de 1887.

El Dr. Adán Cárdenas del Castillo, fue un intelectual y se le consideró el presidente más culto y educado que había tenido Nicaragua hasta entonces, entre otras cosas, envió al congreso una ley revocando la pena de muerte para los rivales políticos que intentaran derrocar al gobierno, por penas de destierro y confinamiento la que fue aprobada, modernizó la administración pública y la educación. También mejoró la navegación lacustre y fluvial e inició la construcción del ferrocarril entre Managua-Masaya y Granada el 12 de septiembre de1883, inaugurándolo el 10 de abril 1885 en el tramo hasta Masaya y el 1 de marzo de 1886 realizó el viaje del primer tren a Granada.

En 1884 designó al ex-presidente General Joaquín Zavala Solís como Enviado Extraordinario y Ministro (diplomático) Plenipotenciario a Washington, D.C., donde bajo sus instrucciones en un viaje que también incluyó varios países europeos, firmo el Tratado Zavala-Frelinghuysen, con el Secretario de Estado de los Estados Unidos Sr. Frederick Frelinghuysen, a fin de construir el canal interoceánico a través de la ruta del río San Juan de Nicaragua con apoyo exclusivo del gobierno de los Estados Unidos de América. Gran Bretaña que tenía firmado con Estados Unidos el tratado Clayton Bulwer, el que entre otras cosas establecía construir el canal por Nicaragua conjuntamente con los Estados Unidos, protestó y exigió ser incluida como parte en el nuevo tratado. En medio de las negociaciones el partido en el gobierno en EE.UU.AA. favorable a la firma, perdió el control del congreso y el tratado no fue aprobado. [29]

Sin embargo, el presidente Dr. Adán Cárdenas del Castillo, no se dio por vencido y el 23 de marzo de 1887 firmó por el Gobierno de Nicaragua con el Capitán e Ingeniero del ejército de los Estados Unidos nacido en Cuba, Aniceto García Menocal representante de la compañía "New York Association from Nueva York for the Canal for Nicaragua Nicaraguan Canal Company," el tratado "Cárdenas Menocal," García Menocal bajo instrucciones del ex-Presidente de EE.UU.AA., Ulisses Grant había realizado en 1872 estudios en Nicaragua para proveer para la construcción de un Canal Interoceánico a través del Río San Juan, el Gran Lago y el Istmo de Rivas. Cárdenas a través de este tratado confirió a la compañía una concesión por 99 años, declarando el proyecto de "Beneficio Público," la compañía por su lado, concedió al gobierno de Nicaragua una garantía de US $ 100,000.00 dólares y el Congreso Nacional a solicitud del presidente Cárdenas el 24 de abril de 1887 ratificó el tratado. Por su lado, el Senado de los Estados

---

[29]United States Senate. Report of the ISTHMIAN CANAL COMMISSION 1899-1901. Rear-Admiral John G. Walker. US Navy. President. 58th. Congress 2nd.Session Document No. 222. Washington. Government Printing Office 1904. pp. 359-363

Caldera Cardenal, Norman.El Paso Entre Los Mares: La Familia Sacasa y el Poder en Nicaragua. Managua, Nicaragua 1ra. Edición 2011. *Ibíd.,* pp. -33-35

Cardenal, Tellería Marco A. Nicaragua y su Historia. Con Prólogo y Notas de Sergio A. Zeledón Blandón.*Ibíd.* pp. 398-407

Unidos de América el 27 de febrero de 1888, aprobó la legislación que permitió la creación de la "Compañía del Canal por Nicaragua" y la propuesta para la construcción del canal interoceánico por Nicaragua. No obstante, por razones fuera del control de Nicaragua, este proyecto canalero tampoco se pudo llevar a cabo.[30]
Conservador / Progresista.

---

[30]United States Senate.Report of the ISTHMIAN CANAL COMMISSION 1899-1901.Rear-Admiral John G. Walker.US Navy, President.58th. Congress 2nd. Session Document No. 222.Washington Government Printing Office 1904. pp. 389-400.

Castrillo Gámez, Manuel. Reseña Histórica de Nicaragua 1887-1895.Talleres Nacionales 1963. P. 42.

**Dr. y General Adán Cárdenas del Castillo
Presidente de Nicaragua (1883-1887)**

8.-Dr. Roberto Sacasa Sarria. Presidente de Nicaragua (1889-1893.)

Fue hijo del Dr. Juan Bautista Sacasa Méndez y de la Sra. Casimira Sarria Montealegre. Juan Bautista a su vez fue hijo del Dr. y Coronel José Crisanto Sacasa y de la Sra. Mariángeles Méndez De Figueroa Cabeza de Vaca, José Crisanto a su vez fue hijo del Teniente de General José Roberto Sacasa Marenco y de la Sra. Paula Parodi Durán; José Roberto por su lado, fue hijo del Capitán José Francisco Sacasa Belausteguigoitia Salinas y de su esposa Sra. María Lucía Marenco López del Corral.
Además de ejercer la profesión de Médico y Cirujano, participó en política y fue electo Primer Designado a la Presidencia (Vice-Presidente) de Nicaragua en abril de 1887 en la boleta electoral con el Presidente Evaristo Carazo Aranda.

Roberto Sacasa Sarria, un "conservador leonés", nacido en El Viejo, Departamento de Chinandega; era considerado por los granadinos que controlaban la política de Nicaragua desde finales de la "Guerra Nacional," como fuera de contexto y una anomalía en la política nacional. Sin embargo dado su cargo y las divisiones y pugnas internas del partido conservador, el Congreso nacional lo confirmó para suceder a Carazo y terminar su período presidencial. Carazo había fallecido en un accidente el 1 de agosto de 1889.

Dr. Roberto Sacasa Sarria
Presidente de Nicaragua (1889-1893)

El Dr. Roberto Sacasa Sarria, aprovechando las divisiones de su partido conservador, al terminar el período de Carazo se postuló como candidato a la presidencia en las elecciones de abril de 1892 y las ganó. Sin embargo, la elección fue denunciada como fraudulenta por la facción ultra conservadora granadina de su partido que le rivalizaba, acusándole de haber usado las instituciones y los fondos del gobierno para ganar, profundizando las divisiones del partido.

Los generales ultra conservadores, Joaquín Zavala Solís y Eduardo Montiel Vega buscaron apoyo en los liberales quienes aceptaron formar parte de las fuerzas anti Sacasa y de la Junta de Gobierno anti Sacasa. Aunaron fuerzas, se alzaron en armas y se tomaron las ciudades de Granada, Jinotepe y Juigalpa. En vista de esto, conminaron al presidente Dr. Roberto Sacasa Sarria a dejar el poder obligándole a firmar el llamado "Acuerdo de Sabanagrande" el 18 de abril de 1893, renunció al poder y entregó los sellos y la banda presidencial al Senador liberal de León, general Salvador Machado Agüero.

Este a su vez entregó el poder a una Junta de Gobierno Conservador-Liberal configurada por los ultra conservadores, generales Joaquín Zavala Solís y Eduardo Montiel Vega y por los liberales, general José Santos Zelaya López, un joven y carismático político liberal y el general Salvador Machado Agüero. Los liberales de esa manera llegaron a compartir el gobierno nacional, en el que no participaban desde los años 1860's.[31]

Sin embargo, muy pronto los ultra conservadores granadinos hicieron ver a Zavala y a Montiel su inconformidad con la presencia del liberal José Santos Zelaya como miembro de la Junta de Gobierno y les solicitaron que les libraran de su "incómoda presencia" la que habían aceptado por puro expediente político. Zavala y Montiel haciendo uso de sus influencias hicieron llamar a Zelaya al "servicio militar activo," que por su edad le

---

[31]Ramírez, José. Comentarios a la Historia de Nicaragua. 1821-1994. Ediciones propias, 1996. pp. 114.

correspondía y le enviaron a cumplirlo en los cuarteles de la penitenciaría en las afueras de Managua. José Santos Zelaya López, que había sido educado en Europa, era un joven muy astuto y aprovechó el tiempo que tenía libre en sus deberes militares, para promover su liderazgo entre los liberales de Managua y los de León. Zelaya también se ganó el respeto de los jefes militares conservadores granadinos en los cuarteles militares de León y las demás ciudades del occidente de Nicaragua. De esa manera logró que le permitieran salir de los cuarteles de la penitenciaría de Managua con una invitación del general conservador Anastasio Ortiz Argeñal comandante de militar de León, para que le visitara en el puerto lacustre Momotombo.

Zelaya, Ortiz y sus asesores se reunieron en el puerto el 11 de julio de 1893 y llegaron a un acuerdo de alianza conocido como "Pacto de Momotombo," que fue firmado por los conservadores, generales Anastasio Ortiz Argeñal, Leonardo Lacayo y Modesto Barrios y por los liberales, los generales Paulino Godoy, Rubén Alonso Jerez, Benito Chavarría y José Dolores Gámez. Ellos acordaron, unir sus fuerzas para derrocar a la facción ultra conservadora granadina que controlaba el gobierno y que una vez en el poder, convocarían a una asamblea nacional constituyente a fin de emitir y aprobar una nueva constitución política. Zelaya y Ortiz reunieron sus tropas el 14 de julio y el 15 tomaron los cuarteles de León y el 16 el de Mateare, el 18 y el 19 atacaron la Cuesta que defendía la entrada de Managua poniendo en fuga a las tropas de Zavala y Montiel, que buscaron refugio en Managua.

El 22 de julio de 1893 en el puerto Momotombo los Jefes Revolucionarios eligieron al liberal, general José Santos Zelaya López como Presidente y al conservador, general Anastasio Ortiz Argeñal como su Vice-Presidente. Las fuerzas revolucionarias de Zelaya y Ortiz continuaron el ataque, rodearon Managua y enviaron un ultimátum de rendición a Zavala, Montiel y sus hombres. Los comerciantes, los empresarios y agricultores extranjeros y nacionales se llenaron de pánico por sus familias y sus negocios y solicitaron la mediación de los diplomáticos norteamericanos en Managua para negociar la paz con Zelaya. Los ultra conservadores granadinos liderados por Zavala Solís y Montiel Vega, por su lado, pidieron garantías para sus vidas, sus propiedades y las de sus familias y para sus soldados. Zelaya para negociar la rendición y lograr la paz, aceptó la mediación de los diplomáticos norteamericanos, otorgó las garantías solicitadas y el 25 de julio entró triunfante a Managua. El día 30 de julio de 1893 Zelaya aceptó en Masaya la rendición de los generales Joaquín Zavala Solís y Eduardo Montiel Vega.

**Evaristo Carazo Aranda
Presidente de Nicaragua
(1887-1889)**

Gral. José Santos Zelaya López
Presidente de Nicaragua (1893-1909)

Con la rendición incondicional de los generales ultra conservadores granadinos Zavala y Montiel, llegó la paz y llegó a su fin el llamado "período histórico de los 30 años de gobiernos conservadores en Nicaragua.[32] "

---

[32] Teplitz, Benjamin. <u>The Political and Economic Foundation of</u>

A decir del representante diplomático norteamericano en Managua Sr. Lewis Baker, "Zelaya subió al poder, al mero sonar de las armas ante la fuga de las tropas conservadoras." [33] Conservador.

Gral. Joaquín Zavala Solís
Presidente de Nicaragua
(1879-1883)

Modernization in Nicaragua. The Administration of José Santos Zelaya 1893-1909. Dissertation. Howard University. 1973. Washington D.C. PP. 24-32

[33]Baker to US Secretary of State. July 18, 1893, #48; Same to Same , July 27, 1893, # 55;, Same to Same, August 19, 1893, # 64, Roll 76. Microcopy219. R.G. 59. N.A.

9.- General Eduardo Montiel Vega, Miembro de la Junta de Gobierno conservadora-liberal (1892-1893) configurada por él mismo, por el general Joaquín Zavala y por el liberal, general José Santos Zelaya, formada ante la renuncia del Presidente Roberto Sacasa Sarria.

Eduardo Montiel Vega, contrajo matrimonio con la Sra. Escilda Argüello Vargas, hija del Sr. Alejandro Argüello Abaúnza y de su esposa Sra. Escilda Vargas Vargas; a su vez ella fue hija del Sr. Juan Vargas Arana y de su esposa Sra. Casimira Vargas Selva; por su lado, Casimira, fue hija del Sr. José Vargas y de la Sra. Brígida Selva Sacasa; hija por su lado del Teniente de General José Roberto Sacasa Marenco y de la Sra. Rosalía Selva del Castillo Mayor; a su vez José Roberto fue hijo del capitán José Francisco Sacasa Belausteguigoitia y Salinas y de su esposa Sra. María Lucía Marenco López del Corral. Conservador. [34]

---

[34] Caldera Cardenal, Norman. <u>El Paso Entre Los Mares: La Familia Sacasa y el Poder en Nicaragua.</u> Managua, Nicaragua 1ra. Edición 2011.

**Dr. Juan Bautista Sacasa Sacasa
Presidente de Nicaragua (1933-1936)**

10.- Dr. Juan Bautista Sacasa Sacasa. Presidente de Nicaragua (1933-1936.)

Fue hijo del ex-Presidente de Nicaragua Dr. Roberto Sacasa Sarria (conservador) y de la Sra. Ángela Sacasa Cuadra; Roberto fue hijo a su vez del Dr. Juan Bautista Sacasa Méndez y de la Sra. Casimira Sarria Montealegre, por su lado, hija del acaudalado hombre de negocios leonés Sr. Ramón de Sarria de los Reyes y de su esposa Sra. Francisca Montealegre Romero; Ángela a su vez, fue hija del Sr. Salvador Sacasa Méndez y de la Sra. Manuela Cuadra Lugo; Salvador por su lado, fue hijo del Dr. y Coronel José Crisanto Sacasa y de la Sra. Mariángeles Méndez De Figueroa Cabeza de Vaca; José Crisanto a su vez fue hijo del Teniente de General José Roberto Sacasa Marenco y de la Sra. Paula Parodi Durán; José Roberto por su lado, fue hijo del Capitán José Francisco Sacasa Belausteguigoitia Salinas y de su esposa Sra. María Lucía Marenco López del Corral.[35]

Juan Bautista, fue Médico graduado en la Universidad de Columbia, en los Estados Unidos de América y en la Universidad de París "La Sorbona", en Francia. Fue Decano de la Facultad de Medicina de la Universidad de León, Presidente del Colegio Médico Nacional y Fundador de la "Gaceta Médica," la primera revista de su tipo que se publicó en Nicaragua. Fue electo Vice-Presidente de Nicaragua en la boleta electoral ganadora

---

[35]Cardenal, Tellería Marco A. _Nicaragua y su Historia. Con Prólogo y Notas de Sergio A. Zeledón Blandón._*Ibíd.* pp. 506-512. *Ibíd.*

de las elecciones presidenciales, con el presidente electo Don **Carlos José Solórzano Gutiérrez** el 1ro de enero de 1925. Fue Presidente de Nicaragua del 1ro de junio de 1933 al 9 de junio de 1936.

El 25 de octubre de 1925 el gobierno Solórzano/Sacasa fue víctima de un golpe militar, conocido en la historia como "El Lomazo," por el ataque a la sede del gobierno nacional en la "Loma de Tiscapa," por las fuerzas militares irregulares del "Señor de la Guerra" conservador, general Emiliano Chamorro Vargas. Los alzados capturaron la sede del gobierno y al Presidente Solórzano a quién forzaron a renunciar y a salir al exilio a Costa Rica en enero de 1926 donde falleció en 1933. [36]

El Vice-Presidente de Solórzano y Presidente por la ley Dr. Juan Bautista Sacasa Sacasa fueron destituidos por el Congreso Nacional controlado por el Gral. Emiliano Chamorro Vargas, Sacasa logró escapar y buscó refugio en México y de ahí en mayo viajó a los Estados Unidos llegando a Washington el 10 de junio en busca apoyo a su causa, viajando también a Guatemala y a México donde se reunió con exiliados nicaragüenses con quienes decidió organizar y financiar una revolución armada para derrocar al gobierno golpista de Chamorro y sus aliados y seguidores y recuperar el gobierno legítimamente electo y para ello también solicitó el apoyo del gobierno de México que se lo otorgó.

---

[36]Carter, Calvin B. Coronel U.S. Marines. El Feudo de Kentucky en Nicaragua. ¿Por qué la Guerra Civil en Nicaragua se ha Transformado en un Deporte Nacional? En revista "The WorldsWork." Junio 1927.

Emiliano Chamorro Vargas, por su lado se hizo elegir por el Congreso bajo su control, como presidente de Nicaragua el 17 de enero y solicitó el reconocimiento de los Estados Unidos para su golpe. El 22 de enero el Secretario de Estado de E.U.A. comunicó al representante de Chamorro en Washington, que Estados Unidos de América no reconocería a los golpistas como gobierno en Nicaragua, ni siquiera aceptarían que Chamorro se quedara como Jefe del Ejército o en el Congreso Nacional de Nicaragua.[37]

Finalmente le informaron que para E.U.A. la solución a la crisis sería, que se pusiera de presidente interino al ex-presidente y hombre de confianza de ellos, Sr. Adolfo Díaz Recinos para terminar el período de Solórzano y Sacasa. El Congreso Nacional de Nicaragua por decreto del día 11 de Noviembre de 1926, hizo efectiva la solicitud de Washington y Adolfo Díaz Recinos tomó posesión de la presidencia de Nicaragua el día 14 de noviembre de 1926, uno de sus primeros actos de gobierno fue destituir al general Emiliano Chamorro Vargas como Jefe del Ejército, quien inicialmente se negó a aceptar su destitución y se declaró en rebeldía, pero posteriormente fue convencido por sus allegados y presentó su renuncia ante Díaz, quién le nombró "inspector de embajadas con rango de embajador" en Europa y en los Estados Unidos.[38]

---

[37] Cole Chamorro, Alejandro. <u>145 Años de Historia de Nicaragua.</u> Editora Nicaragüense. Managua. 1967. pp 97-99.

[38] Millet, Richard. <u>Guardianes de la Dinastía.</u> Editorial EDUCA. San José, Costa Rica, pp. 70-71.

El Dr. Juan Bautista Sacasa Sacasa, por su lado dedicó todos sus esfuerzos a recuperar el poder que se le había usurpado forjando una organización con ese propósito. Juan Bautista Sacasa el 6 de agosto de 1926 envió una carta al general liberal José María Moncada Tapia nombrándole su Representante Personal y "Director de la campaña armada que el ejército constitucionalista emprenderá" iniciando de esta manera la conocida como: "Revolución Liberal Constitucionalista" [39]

Por su lado, en el mes de mayo de 1926, el general liberal Luis Beltrán Sandoval se alzó en armas en la costa Atlántica con sus seguidores liberales, en apoyo de Sacasa.

El general José María Moncada desembarcó en Puerto Cabezas con hombres y armas el 25 de agosto de 1926, ubicó su cuartel general en Puerto Cabezas y buscó al general Luis Beltrán Sandoval.

Ante esto Estados Unidos decretó un embargo de armas y municiones en ambas costas de Nicaragua y llamó a las fuerzas beligerantes a deponer las armas y a negociar la paz.

---

[39]Moncada, José María, general y Ex-Presidente de Nicaragua. Estados Unidos en Nicaragua. Tipografía Atenas. Managua DN, Nicaragua. C.A. 1942. Capítulo VI. pp.55-65. Agradezco al Sr. José María Moncada Morales, de California, nieto del general y presidente de Nicaragua José María Moncada, por la copia del libro de su abuelo que me facilitó, que permite a los lectores de este documento conocer su pensamiento.

El Dr. Juan Bautista Sacasa Sacasa, desembarcó en Puerto Cabezas el 1 de diciembre de 1926 y el día 2 reclamó la Presidencia constitucional de Nicaragua, organizó su gobierno, nombró al general José María Moncada Tapia, como su Ministro (Secretario) de Defensa y solicitó a los países amigos de Nicaragua el reconocimiento a su gobierno, México y otros países lo reconocieron.

Las fuerzas de avanzada del general Moncada cruzaron las cordilleras montañosas del centro de Nicaragua en noviembre y diciembre de 1926, el resto de las tropas con la artillería las cruzaron con el Gral. José María Moncada Tapia.

Una vez que se encontraron en los llanos, el Gral. José María Moncada reunió sus tropas y atacó y derrotó a las fuerzas conservadoras de Adolfo Díaz Recinos que le confrontaron. La derrota fue tan contundente que Adolfo Díaz el día 15 de noviembre de 1926 solicitó la intervención de las fuerzas militares de los Estados Unidos. La solicitud fue acogida el 6 de enero de 1927 y las fuerzas militares de EUA, de los barcos anclados en las costas de Nicaragua comenzaron a prepararse para desembarcar de nuevo en suelo de Nicaragua.

El gobierno de EUA en el mes de febrero de 1927 organizó una comisión de alto nivel para que viajara de urgencia a Nicaragua, nombrando al político, abogado y coronel Henry Lewis Stimson como representante personal del presidente para encabezar dicha comisión.

El Coronel Henry Lewis Stimson, viajó acompañado del Enviado Extraordinario y Ministro Plenipotenciario (Embajador) en Nicaragua Charles C. Eberhardt, y del Almirante Julián Lane Latimer, comandante de la llamada "Flota Blanca", y respaldados por una de las flotas navales de guerra más modernas y poderosas del mundo, anclaron y desembarcaron en el puerto de Corinto, Nicaragua el 17 de abril de 1927.

General José María Moncada Tapia con los militares y civiles norteamericanos con quienes discutió el Acuerdo de Paz o "Pacto del Espino Negro." En la foto, de izquierda a derecha: Coronel y Abogado Henry L. Stimson; Gral. José María Moncada Tapia y el Almirante Julián Lane Latimer. (Foto cortesía de Flavio Rivera Montealegre)

**Coronel y Abogado Henry Lewis Stimson
Representante personal del Presidente de los
Estados Unidos de América, Calvin Coolidge.
Enviado especial a Nicaragua el
17 de abril de 1927.**

Moncada entre tanto, continuó su indetenible avance triunfal con sus tropas y para mediados del mes de abril de 1927 ya se encontraba acampado en las vecindades de la ciudad de Boaco a varias decenas de kilómetros de Managua, la capital de Nicaragua.

A finales de abril Stimson, Eberhardt y Latimer, viajaron a Managua donde se reunieron con Adolfo Díaz a quién informaron sobre su misión en Nicaragua, Díaz a su vez les informó sobre lo precario de su situación con Moncada en las cercanías de Managua.
Stimson, Eberhardt y Latimer el 1 de mayo de 1927 nombraron una comisión, para ir a visitar a Moncada en su campamento en las vecindades de Boaco. La finalidad de la comisión era para invitarlo a una reunión a fin de informarle sobre su misión en Nicaragua y para definir los términos del desarme y de la paz. La comisión que fue a visitar al Gral. José María Moncada, en su campamento, estuvo encabezada por los oficiales militares norteamericanos, Mayor Humphrey, Teniente Fresbie y Teniente Monroy, otros ayudantes y un intérprete.

Moncada después de escuchar a los enviados y leer las notas de invitación del enviado personal del presidente de EUA Stimson, del diplomático Eberhardt y del Almirante Latimer, consultó con sus propios oficiales y aceptó la invitación, conviniendo en viajar y reunirse con Stimson, Eberhardt y Latimer el día 4 de mayo de 1927 en el poblado Villa Tipitapa, a orillas del lago Xolotlán y a pocos kilómetros de Managua.

Stimson, Eberhardt y Latimer escogieron como lugar un patio amplio donde levantaron una tienda de lona con sillas y mesas a la sombra de un árbol grande de espino negro, es por eso que la reunión se conoce en la historia de Nicaragua como el "Pacto del Espino Negro".
Luego de las presentaciones, los representantes de los Estados Unidos, conminaron a Moncada y su comitiva a desarmarse y firmar la paz bajo las condiciones dictadas por ellos (los representantes del presidente norteamericano) o afrontar las consecuencias. [40]

---

[40]Moncada en su libro "Estados Unidos en Nicaragua," relata el encuentro con Eberhardt, Latimer y Stimson de esta manera: Una vez en Tipitapa, fuimos recibidos, el cuatro de mayo, en el sitio llamado "Espino Negro", el autor y los cuatro compañeros que llevaba, por el general Stimson, el señor Ministro Eberhardt y el Almirante Latimer, con muy corteses maneras como a las ocho de la mañana…. El Señor Stimson mostró me deseos de hablar a solas. La conversación comenzó con la insinuación de que estábamos en el deber de hacer la paz, rendir las armas y reconocer al Presidente Díaz. Dijo que por el almirante Latimer sabía de mí que era hombre capaz de cumplir con el deber y muy fácil para un entendimiento favorable a mi Patria, tan devastada por la guerra civil. Pero el Presidente Constitucional de Nicaragua es el Dr. Sacasa respondí. Don Adolfo usurpa el Poder. Reconocer a Díaz equivale a decir que la sangre que hemos derramado sangre por ambiciones egoístas y no por legitimidad. Stimson dijo entonces: Mi gobierno ha reconocido al Presidente Díaz y Estados Unidos de América no puede cometer error, Moncada respondió: Lo ha cometido y esto hará perder crédito al Gobierno Americano en la opinión Pública de Hispano América. Stimson replicó: Es imperiosa la paz. Tengo instrucciones de conseguirla por bien o por la fuerza. Perdió un poco la paciencia el fiel narrador de los hechos (Moncada), pero cobrando ánimo y templanza repuso: Me

es imposible tratar con Ud. Yo soy el Jefe del Ejército. Mi honor se halla de por medio. Ud. debe llamar a los representantes del Dr. Sacasa y repetirles lo que acaba de decir. Stimson replicó: Lo haré con mucho gusto. Stimson les hizo llamar y repitió a los representantes de Sacasa quienes se demudaron y con palabras fuertes respondían negativamente. Después de recobrar un poco el ánimo y dirigiéndome al Almirante Latimer, repuse: A bordo del Rochester Sr. Almirante, cuando Ud. me mostraba un radiograma el cuál decía del reconocimiento de Díaz por parte de Washington ¿no pregunté a Ud. que si su gobierno estaba dispuesto a apoyar esa resolución con las armas, yo diría al Ejército Constitucionalista que se rindiera, y Ud. dijo que eso no sucedería, el auxilio a Díaz? Latimer dijo: Es verdad. Stimson (muy serio). No lo sabía. Moncada replicó: Solamente siento, por mi patria, señores, que durante ocho meses se haya derramado tanta sangre, para ser detenidos los que defendemos la ley y la libertad, cuando victoriosos estamos a las puertas de la Capital. Pero todavía Sr. Stimson, estoy dispuesto a rendirlas, porque sería inhumano aceptar una guerra con una nación de 120 millones de habitantes teniendo Nicaragua apenas ochocientos mil. No quisiera ver marinos ni nicaragüenses muertos en desigual combate. No sería humano. Y luego proseguí con énfasis: Pero no las rendiremos, sino a condición de elecciones libres, presididas por marinos y de tratar con el Gobierno Americano, y no con el de Díaz que no cumplirá su palabra. Stimson se puso de pie y con solemnidad dijo: En nombre del Presidente Coolidge doy mi palabra de honor. La entrevista concluyó con Stimson proponiendo que se firmara un convenio. Moncada le replicó: No creo en papeles escritos entre una nación poderosa y una débil. Confío en la palabra de honor del Presidente Coolidge, dada por Ud. Los delegados del Dr. Sacasa, Dr. Rodolfo Espinoza Ramírez, Dr. Leonardo Argüello Barreto y Dr. Manuel Cordero Reyes dijeron: nosotros no aceptamos esa responsabilidad, tenemos instrucciones del Presidente de dejar eso a la resolución del Jefe del ejército. Moncada dijo finalmente: Pues yo la acepto. Stimson

Ante las circunstancias, el día 4 de mayo Moncada aceptó un acuerdo para el desarme y para declarar la paz, que conllevaba lo siguiente: 1.)El desarme de los soldados de ambos bandos previo pago de diez dólares norteamericanos por cada arma entregada; 2.) Amnistía general para todos los combatientes; 3.) Adolfo Díaz quedaría en el poder hasta 1928 y deberá incluir liberales en su gabinete de gobierno; 4.) Organización de una fuerza armada nacional o "constabularia" de carácter apolítico, bajo la acción y comando de oficiales de la marina de EUA; 5.) Reconocimiento del Tratado Chamorro-Bryan; 6.) Supervisión norteamericana a las elecciones presidenciales de 1928 y de los subsiguientes procesos electorales a realizarse; 7.)A fin de hacer efectivo lo anterior, una fuerza militar norteamericana permanecería ocupando Nicaragua por el tiempo que fuere necesario. [41]

---

por su lado escribió varias cartas dirigidas a Moncada indicando la autorización presidencial que tenía para entrar en compromisos con él y sus condiciones. Moncada, José María, General y Ex-Presidente de Nicaragua. Estados Unidos en Nicaragua. *Ibíd.* PP. 6-39.; Romero Vargas, Germán. Historia de Nicaragua. Editorial Hispamer. Managua, Nicaragua 2003. Pp. 106-108. Esgueva Gómez, Antonio. Conflictos. En taller de Historia. No 7. Managua 1999. P 45.

Moncada, luego de negociar con Eberhardt, Stimson, Latimer y sus asesores, regresó a los campamentos de sus tropas y convocó y se reunió con sus jefes y principales generales en Boaco, y les informó que en las pláticas con Stimson el representante personal del gobierno de EUA éste le dejó entender que de no aceptarse su plan las tropas de su país pelearían a favor de Adolfo Díaz en contra de los liberales constitucionalistas. Moncada les indicó que podría ocurrirles lo que les ocurrió a los liberales en 1912 que fueron derrotados por los norteamericanos y su jefe supremo el general Benjamín F. Zeledón murió asesinado. Moncada discutió con sus principales generales un documento aceptando la propuesta de Stimson, el que firmó el 9 de mayo de 1927 con todos ellos, excepto uno, el general Augusto C. Sandino, que se excusó.[42] Sandino más tarde se declaró

---

[42]El general ex – presidente Moncada en su libro relata sobre las conversaciones con el general Sandino que: "En la reunión de jefes, Sandino aparentó consentir en el desarme; pero al reunirse con los suyos dirigió me una carta en la cual me autorizaba para el arreglo, diciendo que volvería con sus tropas a Jinotega y que allá se desarmaría. Bien comprendí la estratagema, pero no podía evitarla. Más todavía, en la conferencia con los jefes, comprendí…. y cruzó por mi mente la idea de ponerlo en prisión; pero un sentimiento de humanidad y de honor me detuvo. Bien o mal, él había compartido con todos la fatiga de la guerra. Yo también creía que los representantes de Coolidge hacían mal en desarmarnos; que ellos bien hubieran podido guardar Managua y las otras ciudades…. De modo que entre Sandino y yo había la diferencia de sus instintos y de su desconocimiento del poder de Estados Unidos,…. Mientras en mí debía obrar la voluntad, la conciencia de mi responsabilidad." Moncada José María. *Ibíd*. <u>Estados Unidos en Nicaragua.</u> PP. 6-39.

en rebeldía y denunció el acuerdo, encabezando una rebelión con sus hombres apoyado por varios políticos liberales entre ellos, el Dr. Leonardo Argüello Barreto, el Dr. Manuel Cordero Reyes, el Dr. Rodolfo Espinoza Ramírez y otros más.

Finalmente el día 11 de mayo de 1926, en el sitio llamado "Espino Negro," en el pueblo de Tipitapa, Moncada aceptó la paz.[43]

Moncada luego de las ceremonias el 11 de mayo, solicitó que los Jefes y soldados liberales desfilaran en triunfo por las calles Managua, lo que fue aceptado por los mediadores norteamericanos, el desfile se llevó a cabo bajo los vítores de la población de la ciudad que veían llegar la paz.
El Dr. Juan Bautista Sacasa Sacasa y la dirección política del partido liberal constitucionalista aceptaron el arreglo de paz bajo protesta y condicionado a que ninguna cláusula en el armisticio sería aceptada que tuviera como base la continuación de Adolfo Díaz Recinos en el poder.
El Dr. Juan Bautista Sacasa Sacasa en acto de respeto a su dignidad como presidente constitucional de Nicaragua, no firmó el acuerdo que permitió a Adolfo Díaz asumir la presidencia y el 20 de junio de 1926, se embarcó en Puerto Cabezas hacia México. [44]

---

[43] Quintana, Hoffman. <u>Apuntes de Historia de Nicaragua.</u> Edit. Fanatex. Managua, Nicaragua 1977. P 251.

[44] Moncada, José María. *Ibíd.* <u>Estados Unidos en Nicaragua.</u> pp. 1-100.

Durante la presidencia del general José María Moncada (1929-1933,) el Dr. Juan Bautista Sacasa Sacasa fue nombrado Ministro Diplomático y Enviado Especial y Plenipotenciario de Nicaragua (Embajador) ante el gobierno de los Estados Unidos de América. Sacasa regresó a Nicaragua en 1932 y se postuló como candidato a la presidencia con el apoyo de Moncada y del Partido Liberal para las elecciones del 5 de diciembre de 1932 y Adolfo Díaz, fue postulado por el partido conservador. Las elecciones, organizadas y supervisadas por los norteamericanos, las ganó Sacasa por amplia mayoría y tomó posesión del gobierno el 1 de enero de 1933. Sacasa en uno de sus primeros actos de gobierno el 12 de enero, nombró una comisión integrada por el Dr. Sofonías Salvatierra Borge, por el Sr. Gregorio Sandino padre del general y por la esposa de éste; por el Sr. Alejandro Salvatierra y por el General Alberto Reyes, que fue enviada a negociar la paz con Sandino y sus hombres alzados en armas en las montañas del centro y norte de Nicaragua. La comisión viajó a San Rafael del Norte y el 2 de febrero consiguió llegar a un acuerdo con Sandino quién recibió una invitación del presidente a visitarle en Managua para la firma de los convenios de paz y la reconciliación nacional. Estos convenios fueron firmados por el presidente Sacasa, el general Sandino, los representantes de Sandino Dr. Horacio Portocarrero, Dr. Escolástico Lara, Dr. Salvador Calderón Ramírez y Dr. Pedro José Zepeda; los representantes del partido conservador, Dr. David Stadthagen, y del partido liberal Dr. Crisanto Sacasa Sacasa, quién fue felicitado por ese logro por los ex-presidentes Adolfo Díaz Recinos y José María Moncada Tapia.

General José María Moncada Tapia, cuando tomó posesión de la Presidencia de Nicaragua. A su izquierda le acompaña el Dr. Leonardo Argüello Barreto.
(Foto cortesía de Flavio Rivera Montealegre)

El 21 de febrero de 1934 el Gral. Augusto C. Sandino durante una visita que realizaba al presidente Juan Bautista Sacasa Sacasa para definir los términos del desarme y luego de haber cenado con él y a la salida del palacio de gobierno, fue capturado por hombres del jefe del ejército Gral. Anastasio Somoza García, llevado a un sitio en los alrededores de Managua y asesinado junto a varios de sus acompañantes. (Ver mayores detalles sobre estos hechos en #13 General Presidente Anastasio Somoza García.) El presidente Sacasa destituyó a varios oficiales del ejército involucrados en los hechos y entró en conflicto con el Gral. Anastasio Somoza García, relación que se agravó cuando éste en el mes de mayo comenzó a hacer propaganda política en su beneficio desde su cargo, a poner hombres de su absoluta lealtad en las posiciones claves del ejército y a desobedecer las instrucciones que le daba el presidente Juan Bautista Sacasa Sacasa.

**El presidente Juan Bautista Sacasa
se despide del Gral. Augusto C. Sandino,
después de firmar el acuerdo de paz.
Foto tomada el 21 de Febrero de 1934.**

El 30 de mayo de 1936 Anastasio Somoza García con apoyo de oficiales del ejército leales a él, de los llamados "camisas azules conservadores granadinos" y de liberales seguidores suyos dio un golpe de estado al gobierno del presidente Sacasa, su tío político y le solicitó su renuncia antes de actuar de otra manera más drástica. El día 5 de junio de 1936 el Presidente Sacasa compareció en una conferencia de prensa y dijo que el día 9 se presentaría con su vicepresidente Dr. Rodolfo Espinoza Ramírez, ante el congreso nacional, para presentar sus renuncias a sus cargos de Presidente y Vice–Presidente de Nicaragua ante la bochornosa actitud de Anastasio Somoza García. El congreso nacional presidido por el Senador Dr. Guillermo Sevilla Sacasa recibió la carta de renuncia y la banda presidencial de manos del Presidente Juan Bautista Sacasa Sacasa y del vice-Presidente Rodolfo Espinoza Ramírez. El Congreso Nacional nombró al Ministro de Gobernación Dr. Julián Irías Sandrés, como Presidente interino para terminar el período de Sacasa. El ex-presidente de Nicaragua Dr. Juan Bautista Sacasa Sacasa, se embarcó en el puerto de Corinto hacia Nueva York y luego fue a vivir junto a la ciudad de Los Ángeles, California, donde falleció el 17 de abril de 1946. Durante el gobierno liberal del Dr. René Schick Gutiérrez sus restos fueron repatriados a Nicaragua y fueron sepultados en el cementerio nacional donde hoy reposan. [45] Liberal.

---

[45] Cardenal, Tellería Marco A. Nicaragua y su Historia. Con Prólogo y Notas de Sergio A. Zeledón Blandón. *Ibíd.* pp. 506-576.

**Dr. Guillermo Sevilla Sacasa,
Presidente interino de Nicaragua. 1936.**

11.- Dr. Guillermo Sevilla Sacasa. Presidente Interino de Nicaragua (1936) Fue Diputado y Senador por el Partido Liberal. Siendo Presidente del Congreso Nacional le tocó el día 9 de junio de 1936, recibir la renuncia a la presidencia de la República de manos del Presidente Dr. Juan Bautista Sacasa Sacasa (su doble primo hermano) y la banda presidencial, mientras el Congreso nombraba al sucesor de Sacasa.

Dr. Guillermo Sevilla Sacasa
Presidente Interino de Nicaragua

Guillermo Sevilla Sacasa, fue hijo del Sr. José Ramón Sevilla Castellón y de la Sra. Dolores Sacasa Sacasa; ella a su vez fue hija del Dr. Antíoco Sacasa Sarria y de la Sra. Ramona Sacasa Cuadra; el Dr. Antíoco Sacasa Sarria fue hijo del Dr. Juan Bautista Sacasa Méndez y de la Sra. Casimira Sarria Montealegre, por su lado el Dr. Juan Bautista Sacasa Méndez fue hijo del Dr. y Coronel José Crisanto Sacasa Parodi; José Crisanto por su lado, fue hijo del Teniente de General José Roberto Sacasa Marenco y de la Sra. Paula Parodi Durán; José Roberto a su vez, fue hijo del Capitán José Francisco Sacasa Belausteguigoitia Salinas y de su esposa Sra. María Lucía Marenco López del Corral.

Guillermo Sevilla Sacasa contrajo matrimonio, con su pariente, Srita. Lilian Somoza Debayle hija del ex-Presidente General Anastasio Somoza García y de su esposa Salvadora Debayle Sacasa y tan pronto fue necesario, su suegro le nombró para el cargo de Embajador de Nicaragua ante el gobierno de los Estados Unidos de América, puesto que mantuvo, todos los años que duró el gobierno de la familia Somoza en Nicaragua, de manera tal que por su larga estadía como embajador, llegó a ser conocido, como "decano del cuerpo diplomático" en la capital norteamericana. Además, estaba acreditado con la representación de Nicaragua ante la Organización de las Naciones Unidas, de la que llegó a ser miembro por Nicaragua al Consejo de Seguridad, la Organización de Estados Americanos y otras instituciones de financiamiento del desarrollo, tales como el Banco Mundial, Fondo Monetario Internacional y el Banco Interamericano de Desarrollo, de los que Nicaragua era miembro. [46] Liberal.

---

[46] Caldera Cardenal, Norman. El Paso Entre Los Mares: La Familia Sacasa y el Poder en Nicaragua. Managua, Nicaragua 1ra. Ed. 2011.

Cardenal, Tellería Marco A. Nicaragua y su Historia. Con Prólogo y Notas de Sergio A. Zeledón Blandón. Ibíd. pp. 506-576.

Dr. Carlos Brenes Jarquín
Presidente de Nicaragua
Terminó el período del Dr. Juan Bautista Sacasa S.
(Junio 1936-Enero 1937)

12.- Dr. Benjamín Lacayo Sacasa. Presidente de Nicaragua (27 de Mayo 1947 al 15 de agosto de 1947)

Nació en 1893 y murió en 1959). Fue hijo del Dr. Daniel Lacayo Bermúdez y de la Sra. Encarnación Sacasa Cuadra, hija a su vez del Sr. Salvador Sacasa Méndez y de la Sra. Manuela Cuadra Lugo. Salvador Sacasa Méndez a su vez fue hijo del Dr. y Coronel José Crisanto Parodi y de la Sra. Mariángeles Méndez de Figueroa; por su lado, José Crisanto, fue hijo del Teniente de General José Roberto Sacasa Marenco y de la Sra. Paula Parodi Durán; José Roberto a su vez, fue hijo del Capitán José Francisco Sacasa Belausteguigoitia Salinas y de la Sra. María Lucía Marenco López del Corral.

Fue Presidente de Nicaragua del 27 de Mayo 1947 al 15 de agosto de 1947 cuando el Presidente Dr. Leonardo Argüello Barreto fue separado de su cargo por un golpe de estado liderado por el Jefe Director de la GN General Anastasio Somoza García golpe que fue sancionado por el congreso nacional controlado por Somoza García. El Presidente Argüello había ganado las elecciones y tomado posesión de su cargo el día 1 de mayo y había entrado en disputa con Somoza a quién Argüello había intentado destituir de su cargo en la GN el día 23 de mayo de 1947. Al momento de la votación en el Congreso donde se discutía la destitución de Argüello, los conservadores representantes de la "oposición" se abstuvieron de votar en favor de Argüello apoyando con su actitud las pretensiones de Somoza García. En consecuencia usando del reglamento del congreso, los liberales y los conservadores que apoyaban al Somoza declararon "incapaz de administrar el astado" al presidente Argüello y propusieron nombrar al primer Designado (Vicepresidente) a la presidencia Dr. Benjamín Lacayo Sacasa, un pariente suyo, lo que fue aprobado por el congreso.

**Dr. Benjamín Lacayo Sacasa. Presidente de Nicaragua
27 de Mayo de 1947 al 15 de Agosto de 1947.**

El presidente Benjamín Lacayo Sacasa tan pronto asumió la presidencia emitió la siguiente resolución:
El Presidente de la República
Considerando:
Que el Dr. Leonardo Argüello Barreto, en el ejercicio de la Presidencia de la República ha demostrado "incapacidad" para la administración del Gobierno del Estado, creando una situación anormal que compromete la tranquilidad interna y el crédito internacional del país"
Considerando
"Que la actuación del Presidente de la República es contraria a la unidad y disciplina del Ejército, bases indispensables para mantener incólume las Instituciones fundamentales del Estado y para asegurar la paz social de los nicaragüenses y la seguridad exterior de la Nación, pues ha seguido una labor perturbadora al provocar la división de las Fuerzas Armadas y sembrar antagonismo y rivalidades en contra de sus legítimos superiores jerárquicos"
Resuelven:
Art.1.- Separar definitivamente del cargo de la República al Dr. Leonardo Argüello Barreto, electo para ese cargo en los comicios del 2 de Febrero de 1947.
Art.2.- Llamar al ejercicio de la Presidencia de la República, en defecto del Dr. Argüello Barreto al 1er Designado (Vicepresidente) Don Benjamín Lacayo Sacasa, quién llenará la vacante mientras se restablece totalmente la normalidad y se convoca a nuevas elecciones. Casa Presidencial. Benjamín Lacayo Sacasa. Presidente por la Ley. Lacayo Sacasa también nombró el 27 de mayo de 1947, al recién graduado teniente de la

academia militar de West Point, Anastasio Somoza Debayle, jefe de operaciones de la Guardia Nacional de Nicaragua, bajo el comando de su padre, General Anastasio Somoza García, Jefe Director de la misma.

Dr. Leonardo Argüello Barreto
Presidente de Nicaragua
2 de febrero 1947 al 26 de mayo de 1947

Benjamín Lacayo Sacasa gobernó Nicaragua por 81 días, exactamente dos meses y veintiún días, luego de dejar instalada una "Asamblea Nacional Constituyente" que sirvió a Anastasio Somoza García para llenar las formalidades legales, para colmar sus aspiraciones reeleccionistas y luego de emitir el siguiente decreto:

1.- Nombramientos, Benjamín Lacayo Sacasa, Presidente de la República de Nicaragua, en uso de las facultades y funciones que le da la ley: Designa para el ejercicio de los cargos de Presidente y Vice-Presidente de la República a los ciudadanos: Dr. Víctor Manuel Román y Reyes y Dr. Mariano Argüello Vargas.
2.- Los designados deberán tomar posesión de sus cargos ante la Asamblea Nacional Constituyente y la Constitución Política que esta decrete, determinará la duración de sus mandatos." Benjamín Lacayo Sacasa el día 15 de agosto de 1947 una vez cumplido su cometido renunció a su cargo.[47] Liberal.

---

[47] Cardenal, Tellería Marco A. <u>Nicaragua y su Historia. Con Prólogo y Notas de Sergio A. Zeledón Blandón. Tomo II</u> *Ibíd.,* pp. 1519-1532.

Caldera Cardenal, Norman. <u>El Paso Entre Los Mares: La Familia Sacasa y el Poder en Nicaragua.</u> Managua, Nicaragua 1ra. Edición 2011.

General Anastasio Somoza García
Presidente de Nicaragua (1937-1947) y (1950-1956).

13.- General Anastasio Somoza García. Presidente de Nicaragua (1937-1947) y (1950-1956.)

Fue hijo del Senador Anastasio Somoza Reyes y de la Sra. Julia García Alfaro. Fue un individuo dotado de buenas cualidades físicas e intelectuales, fue enviado por sus padres a estudiar contabilidad a la escuela Pierce de Administración Empresarial en Filadelfia, Pensilvania en los Estados Unidos, donde al finalizar sus estudios se quedó a trabajar por un tiempo.

Estando en Filadelfia, Anastasio Somoza conoció a la joven nicaragüense Salvadora Debayle Sacasa, que estudiaba, en la Beechwood High School, en Jenkintown, Pensilvania. Somoza, los hermanos de ella y otros estudiantes nicaragüenses le hicieron una visita a Salvadora cuando ella convalecía de una dolencia en un hospital de esa ciudad. Salvadora y Anastasio hicieron amistad y se volvieron a encontrar en otras ocasiones, se enamoraron y contrajeron matrimonio civil en Filadelfia en 1919.

Sra. Salvadora Debayle Sacasa de Somoza

De regreso en Nicaragua, Salvadora, que también había estudiado en Bélgica e Inglaterra y ya era una joven mujer dotada de fuerte personalidad, comunicó a sus padres las intenciones suyas y de Anastasio de hacer su vida en común. Por su lado Anastasio con apoyo de su padre el Senador Anastasio Somoza Reyes y con la mediación de amigos comunes, obtuvo la venia de la familia Debayle Sacasa.

Anastasio Somoza García y Salvadora Debayle Sacasa, contrajeron matrimonio eclesiástico en la catedral de León, Nicaragua.[48]

La Sra. Salvadora Debayle Sacasa fue hija del Dr. Luis Henri Debayle Pallais y de la Sra. Casimira Sacasa Sacasa; a su vez la Sra. Casimira Sacasa Sacasa fue hija del ex-Presidente de Nicaragua Dr. Roberto Sacasa Sarria

---

[48] http://es.wikipedia.org/wiki/Salvadora_Debayle

y de la Sra. Ángela Sacasa Cuadra; por su lado, el Dr. Roberto Sacasa Sarria, fue hijo del Dr., Juan Bautista Sacasa Méndez y de la Sra. Casimira Sarria Montealegre; a su vez, Juan Bautista Sacasa Méndez fue hijo del Dr. y Coronel José Crisanto Sacasa Parodi y de la Sra. Mariángeles Méndez de Figueroa; José Crisanto a su vez, fue hijo del Teniente de General José Roberto Sacasa Marenco y de la Sra. Paula Parodi Durán; José Roberto por su lado, fue hijo del Capitán José Francisco Sacasa Belausteguigoitia Salinas y de la Sra. María Lucía Marenco López del Corral.

Del matrimonio de Anastasio y Salvadora nacieron tres hijos, Lilian Somoza Debayle, Luis Somoza Debayle y Anastasio Somoza Debayle.

Anastasio Somoza García, que hablaba inglés, fue uno de los ayudantes cercanos y miembro del gabinete de gobierno del general José María Moncada Tapia, quién fue jefe del ejército liberal durante la revolución liberal constitucionalista de 1927-28 y llegó a ser electo presidente de Nicaragua (1928-1933).

Moncada y Somoza estaban emparentados, la madre de José María Moncada Tapia fue la Sra. Zoila Tapia Somoza, hija a su vez del Sr. Paulino Tapia y de la Sra. Manuela Somoza Martínez, hermana del Sr. Anastasio Somoza Martínez bisabuelo de Anastasio Somoza García. En 1929 Somoza García fue nombrado por el presidente Moncada representante diplomático de Nicaragua en San José de Costa Rica y en 1931 fue llamado de regreso a Managua para asumir el cargo de vice-ministro de Relaciones Exteriores de Nicaragua.

En 1932 al crearse por los asesores militares norteamericanos la Guardia Nacional de Nicaragua, Somoza que hablaba inglés, había adquirido experiencia militar durante la revolución liberal constitucionalista, tenía rango militar, era contador y contaba con experiencia administrativa, se postuló ante Moncada y los asesores militares norteamericano, para optar a un alto cargo en la GN y el presidente Moncada le nombró Sub-director de la guardia nacional. Somoza García por sus destrezas organizativas, administrativas y militares y por sus relaciones personales, familiares y sociales se destacó en la posición y el 1ro de enero de 1933 el presidente Moncada con el parecer de los asesores militares norteamericanos en Managua, le nombró como el primer Jefe-Director de la guardia nacional de Nicaragua.

Somoza García vio sus sueños hechos realidad y plantó las bases para una carrera política, militar y económica que le llevaría a él, junto con sus tres hijos, Luis, Anastasio y su hija Lilian Somoza Debayle, que contrajo matrimonio con el Dr. Guillermo Sevilla Sacasa, a controlar el poder político y militar de la nación y las relaciones del país con los EUA, por más de 50 años.

Anastasio Somoza García se responsabilizó por la planificación y la ejecución del asesinato del general liberal Augusto C. Sandino y sus jefes militares, cometido en Managua la noche del 21 de febrero de 1934 al salir de una reunión con el presidente de Nicaragua y tío político de Somoza Dr. Juan Bautista Sacasa Sacasa, donde se celebraban los acuerdos de paz.

Somoza García, que no simpatizaba con los arreglos de paz con Sandino, por su parte, invitó para la seis de la tarde del 21 de febrero de 1934 a varios Altos cargos y oficiales de la guardia nacional de su confianza, a una reunión en su oficina seguida de un concierto en el auditorio de la comandancia general de la Guardia Nacional.

El Gral. Somoza García explicó a los que acudieron a la reunión, lo que pensaba hacer con Sandino, dado que varios de los invitados se excusaron de asistir, puesto que ya se rumoraba lo que Somoza quería hacer con Sandino y sus hombres, y les pidió que le dieran un voto de confianza, para lo que, enseguida les leyó y les pidió que firmaran un documento previamente preparado por él y les pidio que lo firmaron. (ver foto del documento en la página 112).

Gral. Augusto C. Sandino

El documento fue firmado por catorce oficiales, entre ellos, el jefe del estado mayor de la guardia nacional; el jefe de operaciones e inteligencia de la guardia nacional; el jefe de la pagaduría de la guardia nacional; el comandante de la 15 compañía de la guardia nacional; el jefe de la oficina de abastos y suministros de la guardia nacional; el comandante de la 17 compañía de la guardia nacional; el oficial ejecutivo de la 17 compañía de la guardia nacional; el jefe de la policía de Managua, el vice-jefe de la policía de Managua, el oficial ejecutivo de la 1ra compañía de la GN y cuatro oficiales más de la guardia nacional. El documento se terminó de firmar a las 7 de la noche del 21 de febrero de 1934. Anastasio Somoza Garcia de esa manera comprometió a la Guardia Nacional de Nicaragua en el asesinato de Sandino.[49]

El asesinato de Sandino fue seguido por el asesinato de otros miembros de la comitiva que acompañaba a Sandino en Managua y de sus fuerzas militares y sus familias que habían sido concentrados y desarmados con sus familias en las vecindades de Wiwilí y otros poblados en las riveras del río Coco en el norte de Nicaragua.

---

[49]http://es.wikipedia.org/wiki/Anastasio_Somoza_Garc%C3%ADa#Jefe_Director_de_la_Guardia_Nacional

Diario Barricada. Managua, Nicaragua 21 de febrero de 1984. Nota: El diario de la referencia publicó en su edición de esa fecha, copia de esa carta firmada con los nombres y apellidos de los 14 oficiales "en Managua a los veintiún días del mes de febrero de mil novecientos treinta y cuatro, a las siete de la noche."

Este asesinato causó gran conmoción en Nicaragua, porque la mayoría de los ciudadanos entendieron que con la firma de los acuerdos, la paz y la tranquilidad regresaría a Nicaragua, pero no fue así.

La sociedad nicaragüense continuó más dividida por la muerte a traición de Sandino y por la masacre de sus fuerzas militares, sus familias y seguidores, decenas de hombres, mujeres y niños que habían sido desarmados y concentrados a la firma de los acuerdos de paz entre Sandino y el Presidente Sacasa.

**Dr. Rodolfo Espinosa Ramírez
Vice-Presidente de Nicaragua bajo la
Administración del Dr. Juan B. Sacasa Sacasa.**

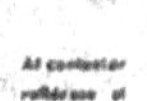

CUARTEL GENERAL||GUARDIA NACIONAL DE NICARAGUA
MANAGUA, NICARAGUA.

Los suscritos, miembros del Estado Mayor de la Guardia Nacional y altos oficiales del mismo cuerpo, CONSIDERANDO que el país pasa por un momento de angustia proveniente del no-desarme de las fuerzas del General Sandino, quién se había comprometido a efectuarlo el 17 de febrero ppdo., valiéndose de subterfugios e imposiciones que van en mengua del buen nombre del Gobierno de la República y del Ejército que es la salvaguardia de las instituciones patrias; CONSIDERANDO que no nos cabe el derecho de deliberar, pero si de robustecer la acción de aquél que tenemos como Jefe superior a fin de que él en sus procedimientos esté respaldado por la opinión unánime de los jefes y oficiales subordinados a su comando, ACORDAMOS dar un voto de confianza al Jefe Director de la Guardia Nacional, General Anastasio Somoza, a fin de que sus gestiones se encaminen a sacar avante el buen nombre de la República, de nuestro eximio Gobernante Dr. Juan B. Sacasa y de la Guardia Nacional, único cuerpo armado de la República, que es el sostén de las instituciones nacionales.

Firmado de nuestra espontánea voluntad en la ciudad de Managua, a los veintiún días del mes de febrero de mil novecientos treinticuatro, a las siete de la noche.

Documento que firmaron Altos Cargos de la Guardia Nacional y de confianza del Gral. Anastasio Somoza García. En el documento dan un voto de confianza y se comprometen con Somoza García en sus planes de asesinar al Gral. Augusto C. Sandino y a sus hombres. Este documento fue firmado en reunión convocada por Somoza García, el 21 de Febrero de 1934, a las 7:00 pm., en Managua, Nicaragua.

Ante esto Somoza García buscó alianza con quienes justificaron con él, el asesinato de Sandino, sus hombres y sus familias. La oportunidad se la brindaron los miembros del "Club social de Granada" quienes le organizaron una fiesta de desagravio por el asesinato de Sandino, sus hombres y sus familias. El evento se llevó a cabo en la sede del club social de Granada el día 3 de junio de 1934.

Entre los organizadores se destacaron un grupo de jóvenes de esa ciudad que se denominaban, "camisas azules," simpatizantes de las ideas del líder fascista italiano Benito Mussolini y sus "camisas negras", entre ellos estaban: el poeta y escritor José Coronel Urtecho, el escritor y poeta Pablo Antonio Cuadra Cardenal, Diego Manuel Chamorro, Octavio Rocha, Armando Castillo. Luis Downing y Joaquín Zavala Urtecho, el poeta Luis Alberto Cabrales y otros más. José Coronel Urtecho fue delegado por los "camisas azules" para dirigir las palabras de ofrecimiento del homenaje y en su alocución, entre otras cosas, dijo:

"Conozco bien al general Somoza, para saber que es un demócrata sincero, un verdadero liberal que toma demasiado en cuenta la opinión pública y cree de buena fe en los llamados derechos políticos del pueblo. Soy partidario de que él, Somoza se perpetúe en el poder, y bendigo la oportunidad de una Asamblea Constituyente que podría presentarse, si somos razonables y valientes, para dejar establecida esa perpetuidad. Esa es la solución que proponemos los jóvenes "camisas azules," salidos del partido conservador, hijos y nietos de presidentes conservadores, hijos de directores del partido y que representamos la energía viva de la tradición intelectual conservadora." Luis Alberto Cabrales por su parte el 20 de noviembre de 1934 en la plaza de Santo Domingo en Managua habló en favor de Anastasio Somoza García. [50]

Anastasio Somoza García, sus partidarios y seguidores, no pararon ahí y llevaron ante el Congreso Nacional, controlados por ellos, un decreto de amnístía para Somoza y todos los implicados en el asesinato del general Sandino, sus generales, sus hombres y sus familias, decreto de amnistía que aprobaron el día 4 de septiembre de 1934. El presidente Dr. Juan Bautista Sacasa Sacasa y su consejo de ministros rechazaron el decreto pero el presidente no lo vetó y el decreto tomó fuerza de ley el día 13 de septiembre al ser publicado en el diario oficial "La Gaceta" de esa fecha. [51]

Más tarde en 1936 los jóvenes "camisas azules" y un grupo de ciudadanos granadinos auto-denominados "pueblo conservador de Granada," realizaron una concentración política en esa ciudad y proclamaron, al Jefe Director de la Guardia Nacional Mayor General Anastasio Somoza García, como su candidato a la presidencia y éste aceptó dicha proclamación. [52]

Durante los días 30 y 31 de mayo de 1936 Somoza con apoyo de la Guardia Nacional y de los "camisas azules," conservadores y miembros del partido liberal que

---

[50] Laínez, Francisco. <u>Colonialismo en Nicaragua.</u> Serviprensa Centroamericana. Guatemala 1987. pp. 211-212.

[51] <u>La Gaceta Diario Oficial de Nicaragua. Managua, Nicaragua 15 de septiembre de 1934.</u>

Krehn, William y Salomón de la Selva. <u>Nicaragua en la Primera mitad del Siglo XX.</u> Ediciones Populares. Managua, Nicaragua 1976. P.13.

[52] <u>Diario El Centroamericano.</u> Managua, Nic. 28 de abril 1936. P.1.

simpatizaban con él, dieron un golpe de estado al presidente Juan Bautista Sacasa Sacasa, ocupando los cuarteles militares de León, Managua, Granada y otras ciudades conminando a la sumisión del poder al presidente Dr. Juan Bautista Sacasa y su vice-presidente el Dr. Rodolfo Espinoza Ramírez. El 6 de junio de 1936, Sacasa y Espinoza presentaron la renuncia de sus cargos al Presidente del congreso Dr. Guillermo Sevilla Sacasa, un aliado de Somoza quién asumió la Presidencia del país interinamente. El Dr. Guillermo Sevilla Sacasa llamó a los liberales del congreso que apoyaban a Somoza a y sus aliados conservadores "camisas azules" a una sesión de emergencia y elijieron como presidente de Nicaragua, al diputado liberal aliado de Somoza Dr. Carlos Brenes Jarquín para que finalizara el período presidencial del depuesto Dr. Juan Bautista Sacasa Sacasa.[53]

El tribunal electoral anteriormente había fijado la fecha para las elecciones del presidente y del vicepresidente para el 8 de diciembre de 1936.

El Mayor General Anastasio Somoza García y el Sr. Francisco Navarro Alvarado, un agricultor liberal chinandegano, con el apoyo de los liberales y el de los conservadores nacionalistas "camisas azules," se postularon en la boleta del partido liberal para presidente y vicepresidente para el período 1937-1940 y ganaron las elecciones.

Pero la gran ambición por el poder, por parte del Gral. Somoza García, que era conocida por sus seguidores en el ejército solo esperaron 10 días y los somocistas del

---

[53]Sacasa, Juan Bautista. Cómo y porqué caí del poder. Tipografía "El Eco Nacional" León Nicaragua 1946. pp.25. Diario La Prensa. Managua Nicaragua. Viernes 29 de mayo de 1936. La Gaceta. Diario Oficial No.127. 10/6/1936 "La Verdad Electoral en 1936" P. 19.

ejército le proclamaron de nuevo como Jefe Director del ejército lo que de inmediato fue aprobado por el Congreso Nacional el 18 de diciembre de 1936.

Somoza restauró el nombre del partido liberal a "Partido Liberal Nacionalista, PLN "que era el que tenía bajo la administración del expresidente General José Santos Zelaya y también introdujo el pago obligatorio de todos los empleados públicos de un 5% de sus salarios para las arcas del Partido Liberal Nacionalista ya también controlado por él.

Un aspecto que los Somoza García y sus hijos posteriormente, siempre manejaron prioritariamente fueron las relaciones con los Estados Unidos de América, y durante los primeros meses del año 1939 a través de sus diplomáticos, cabildeó y logró ser invitado a visitar oficialmente dicho país.

Somoza y su esposa que habían estudiado en EUA y hablaban inglés, llegaron el día 5 de mayo por el puerto de Nueva Orleans y de ahí viajaron con su comitiva por tren a Washington D.C. donde llegó el día 7, siendo recibido en la estación de ferrocarril "Union Station" por el embajador de Nicaragua en EUA Dr. Guillermo Sevilla Sacasa. Ese mismo día fue recibido por el presidente Franklin D. Roosevelt y por el vice-presidente John Nance Gardner en la Casa Blanca.

Somoza fue invitado por el presidente Roosevelt a desfilar en un vehículo abierto con él por algunas calles de Washington y más tarde lo invitó con su esposa y su comitiva a una recepción donde saludó al presidente de la Corte Suprema de Justicia, a algunos miembros del gabinete presidencial, a miembros del congreso y a importantes militares.

Finalmente el día 8 de mayo Somoza solicitó pronunciar una alocución ante el congreso, lo que le fue concedido durante su receso de mediodía.

General Anastasio Somoza García.
Presidente de Nicaragua (1937-1947) y (1950-1956.)

Pero no todo fue color de rosa, la forma como Somoza había obtenido el poder también se conocía en EUA a través de los reportes de su embajada en Managua y por los diarios de Nicaragua y de EUA.

El Secretario de Estado, Mr. Cordell Hull (1933 y 1944), cuando los medios de prensa criticaron la presencia de Somoza en Washington y el tratamiento especial que le daba la administración de Roosevelt, al referirse a Somoza dijo: "Somoza es un hijo de p..., pero es nuestro hijo de p..." una frase que algunos acreditaron al presidente F.D. Roosevelt, lo que parece no fue así, sino que también lo expresaban de otros dictadores latinoamericanos como lo fue de Rafael Leónidas Trujillo Molina ex -presidente de la República Dominicana.

Anastasio Somoza García y su esposa en la Casa Blanca con el presidente Franklin D. Roosevelt y su esposa y con el futuro jefe supremo de las fuerzas aliadas en Europa durante la guerra contra los Nazis y más tarde presidente de EUA, General Dwight Eisenhower. Mayo 7, 1939.

Anastasio Somoza García y el presidente Franklin D. Roosevelt desfilan por las calles de Washington D.C. Mayo 7, 1939 [54]

Tiempo más tarde, Somoza en un acto de solidaridad con EUA ante el ataque japonés a la base militar norteamericana de Pearl Harbor en las islas Hawái, el 7 de diciembre de 1941, "declaró la guerra al eje Japón, Alemania e Italia" y ordenó aprehender a todos los habitantes de esos países y a sus familiares en Nicaragua. Somoza luego hizo aprobar una ley por la cual confiscó sus negocios, plantaciones, casas y otras posesiones de estas personas y sus familias que luego fueron rematadas en subastas. Somoza García fue acusado de haber usado a terceros para apropiarse de haciendas de ganado, plantaciones de café, casas de habitación y negocios que fueron rematados y adquiridos por agentes de bienes raíces allegados a él.

La ambición de Somoza García por el poder militar, por el poder político y por el poder económico absoluto no

---

[54] http://es.wikipedia.org/wiki/Anastasio_Somoza_Garcia Jefe_Director_de_la_Guardia_Nacional.

https://images.search.yahoo.com

tuvieron límites; logró ser nombrado Jefe Director de la guardia nacional y aceptó como tal la responsabilidad por el asesinato de Sandino en Managua, sus hombres y sus familias en el norte de Nicaragua y consiguió el poder militar; logró ser presidente de Nicaragua destruyendo el liderazgo genuino del partido liberal y del partido conservador y consiguió el poder político; logró apropiarse de los bienes confiscados y subastados de los extranjeros a los que envió presos a campos de concentración en EUA y consiguió el poder económico.[55] El presidente Anastasio Somoza García en febrero de 1944 hizo públicas su intenciones de postularse como candidato a la re-elección presidencial corriendo como candidato del partido liberal en las elecciones que se llevarían a cabo ese año. Esta noticia generó oposición en todo el país y dentro de su propio partido liberal, porque la Constitución Política de Nicaraga prohibía la reelección presidencial. El 9 de marzo de 1944, varios destacados miembros del Partido Liberal Nacionalista (PLN) que vieron cerradas sus propias aspiraciones políticas, decidieron encarar las pretenciones de Somoza y fundaron un grupo que denominaron "partido liberal independiente, PLI" al que se integraron el Dr. Jerónimo Ramírez Brown; el Dr. Manuel Cordero Reyes; el Dr. Carlos Pasos; el Dr. Carlos Morales Casco y el Dr. Roberto González Dubón, entre otros y resolvieron

---

[55]Millett, Richard. Guardianes de la Dinastía. Historia de la Guardia Nacional creada por los E.U. y la familia Somoza. Editorial Educa, San José, Costa Rica 1979. P.267.

Diario La Prensa, El Testamento de Somoza García. Managua, Nicaragua, lunes 18 de julio de 1999.

llamar a una campaña de movilización popular, a la que se sumaron, escritores, comerciantes, profesionales, mujeres y estudiantes universitarios, para detener las pretenciones de reelección de Anastasio Somoza García.[56]

El 20 de abril de 1944 Somoza a través de miembros de su partido en el congreso nacional solicitó la aprobación de una reforma a la constitución política de Nicaragua que le permitiera poder re-elegirse presidente en las elecciones de 1947 y la cámara de diputados, controlada por él, aprobó la solicitud.

Esta decisión no fue bien recibida en Nicaragua y de inmediato se produjeron manifestaciones de protesta, lideradas por el Partido Liberal Independiente (PLI) y por otros opositores a Somoza, las que fueron reprimidas por turbas de matones y por paramilitares. Somoza acusó a los opositores de agitadores y perturbadores del orden público y envió a sus fuerzas de policía a capturar a sus líderes a quiénes juzgó y condenó a penas de destierro y confinamiento a lugares apartados del país.

Sin embargo no pudo acallar ni aplastar las protestas que ya duraban varios meses. Viéndose ante esta creciente oposición Somoza decidió no re-elegirse esta vez, apoyando en su lugar, la candidatura del Dr. Leonardo Argüello Barreto al que el partido liberal nacionalista le confirmó, consiguiendo de esa manera también los votos de la facción del Partido Conservador Nacionalista que le apoyaba.

---

[56]Revista de Historia. Instituto de Historia de Nicaragua IHN. Banco Central de Managua, Nicaragua 1990. pp. 103-104.

El Dr. Leonardo Argüello Barreto fue electo presidente el 1ro. de febrero de 1948, asumiendo la presidencia el 1ro. de mayo. Somoza fue acusado por la oposición de haber manipulado los sufragios y de haber ayudado a elegir a Argüello en forma fraudulenta al enviar a oficiales militares y miembros de su partido a sustraer urnas con votos de los puestos de votación y llevárselas a los sótanos del palacio nacional, donde los votos fueron manipulados.

El Dr. Leonardo Argüello Barreto, era un prominente intelectual, experimentado político y líder liberal de 72 años de edad, no resultó dócil a Somoza y trató de substituirlo como Jefe Director de la guardia nacional nombrando a otro militar en su lugar; trató también de convencer a Somoza para que renunciara a su cargo y saliera del país por su propia voluntad y hasta de apresarlo con apoyo de oficiales de la guardia nacional afines a él, pero no consiguió librarse de él.
Somoza García en repuesta a los intentos de recobrar el orden constitucional del Dr. Leonardo Argüello Barreto, el 26 de mayo de 1948 le dio un golpe de estado, y le quiso forzar a renunciar lo que Argüello no hizo, escapando de la casa de gobierno y refugiándose en el Palacio Nacional para luego buscar amparo en la embajada de México, país hacia al que salió al exilio.

El Congreso Nacional controlado por Somoza García, hizo declarar "incapacitado para gobernar" a Leonardo Argüello Barreto como presidente y el 28 de mayo de 1948, le destituyó, nombrando en su lugar al Dr. Benjamín Lacayo Sacasa un tío de la esposa de Somoza. Anastasio Somoza García, para sancionar a los miembros del ejército que apoyaron al Dr. Leonardo Argüello Barreto, realizó una "purga" de oficiales y otros miembros del ejército acusándoles de asesinato frustrado, les hizo apresar y les sometió a consejo de guerra. El tribunal militar bajo control de Somoza les hizo condenar y dar de baja deshonrosa sustituyéndolos por hombres de confianza y leales a él. Para sancionar a los que le confrontaron dentro del partido liberal, hizo una "purga" y les persiguió implacablemente y les apresó, muy en especial a los miembros del partido liberal independiente PLI que apoyaron al Dr. Leonardo Argüello Barreto.

Algunos de sus opositores lograron escapar a países vecinos y otros lograron asilarse en embajadas de países extranjeros, Somoza sustituyó a los disidentes de su partido por gente leal a é. De esta manera Somoza García se deshizo de posibles rivales en el ejército y en el partido liberal y convirtió al ejército en su guardia personal y al partido liberal en su grupo político personal.

El día 15 de agosto de 1948, el Dr. Benjamín Lacayo Sacasa puso su renuncia a la presidencia de Nicaragua designando al Dr. Víctor Manuel Román y Reyes y al Dr. Mariano Argüello Vargas como Presidente y Vicepresidente de Nicaragua.

Arreglos Políticos de Anastasio Somoza García del 12 de Agosto de 1947

Anastasio Somoza García se preparó para controlar el nombramiento del nuevo candidato presidencial manipulando la "Gran Convención del Partido Liberal" y lograr que saliera elegido el hombre que "supuestamente era de su confianza" un viejo y afamado intelectual y político liberal, el Dr. Leonardo Argüello Barreto.

Los candidatos presentados fueron el Dr. Enoc Aguado, candidato de la coalición del Partido Liberal Independiente (PLI), el Partido Conservador Tradicionalista y el Dr. Leonardo Argüello Barreto, candidato apoyado por el liberalismo Nacionalista de Somoza y de los Conservadores Nacionalistas, la candidatura del Dr. Leonardo Argüello Barreto se vio como una candidatura de compromiso entre los viejos liberales porque se le consideraba adversario de la conducta y de las ambisiones políticas de Anastasio Somoza García.

Cuando era Ministro de la Gobernación el Dr. Leonardo Argüello Barreto en el gobierno del Dr. Juan Bautista Sacasa Sacasa, el Gral. Somoza le propuso que le ayudara en el golpe que le daría al Dr. J. B. Sacasa S. El Dr. Leonardo Argüello Barreto, ofendido de inmediato puso al tanto al Presidente Sacasa las pretensiones de Somoza. Más tarde como Ministro de Relaciones Exteriores, pidió una acción más efectiva en contra del entonces Jefe Director de la Guardia Gral. A. Somoza García.

Las Directivas estudiantiles del Centro Universitario de Managua y del de Granada, dominados por la "Juventud Conservadora" y la de León por la "Juventud del PLI", coincidieron apoyar al Dr. Enoc Aguado Farfán, candidato de la oposición y se unificaron en función de las elecciones.

Somoza entonces ordenó retener las urnas electorales diciendo "que lo hacía para evitar desordenes y que estaban custodiadas en la bóveda del Banco Nacional". Días más tarde los resultados de la elección fueron anunciadas, dando un abultado número de votantes para el candidato oficialista Dr. Leonardo Argüello Barreto y el candidato de la oposición aparecía con un ridículo escrutinio a su favor, lo que no fue aceptado por los partidarios del Dr. Enoc Aguado Farfán. Luego de un "recuento" Somoza García dio el triunfo al Dr. Leonardo Argüello Barreto.

E1 1 de Mayo de 1947 el Dr. Leonardo Argüello Barreto asumió la Presidencia de Nicaragua. El nuevo Presidente pronunció ante el Congreso Nacional un discurso que se entendió fue contra su mentor, diciendo entre otras cosas que: "no seré muñeco de nadie" y además: "no seré, tenedlo por cierto, un simple presidente de turno, arrastrado por el manso llevar de la corriente de la costumbre y de la tradición." El presidente nombró al Coronel Luis Balladares Torres, como Jefe del Batallón Presidencial en sustitución del Coronel Julio Somoza García (hermano del Gral. Anastasio Somoza García) y ordenó el traslado del Mayor Anastasio Somoza Debayle al comando de las tropas de la ciudad de León.[57]

---

[57]Blandón. Jesús Miguel. Entre Sandino y Fonseca Amador. Edición Propia. Managua, Nicaragua 1979. pp.22.

El Presidente Leonardo Argüello el día 23 de Mayo nombró a su hijo el Ing. Ramiro Argüello Peñalba con el rango de Mayor G.N.

Antes de esto el Gral. Somoza García había trasladado su residencia a la casa que estaba destinada para los Jefes Directores de la G.N., esperando el nombramiento de Jefe Director, por el presidente, nombramiento que no llegó y que comenzaba a inquietar a Somoza al saber que había un militar de alto rango que no era de sus simpatías en la Casa de Gobierno llamado Coronel Policarpo Gutiérrez.

Mensajes urgentes subían y bajaban. Una lucha dramática se había desarrollado en la Loma de Tiscapa, a pesar que Somoza era calmo en sus actuaciones, estuvo a punto de caer en las redes de una conspiración donde el Coronel Gutiérrez y otros militares cumplirían la operación de captura de Somoza en el lugar llamado "Canta Gallo" a la entrada del Palacio Presidencial. [58]

El 26 de Mayo El Gral.Somoza García rompe la Constitución y da un "Golpe de Estado" al Presidente Dr. Leonardo Argüello Barreto.

Como el presidente Presidente electo Dr. Leonardo Argüello Barreto no hacía lo que Anastasio Somoza García quería le dio un Golpe de Estado. Exactamente a los 26 días de estar el Dr. Argüello gobernando, Somoza con apoyo de las fuerzas de la G.N. a su favor, del conservatismo y de su máximo jefe Gral. Emiliano Chamorro, hace que el Congreso declare "incapacitado para gobernar" al Presidente Leonardo Argüello. El

---

[58]Cole Chamorro, Alejandro. 145 Años de Historia Política en Nicaragua. Editora Nicaragüense. Managua 1967. Pp.127.

Gabinete de Argüello guardó prisión en el Palacio Nacional, pasando luego como asilados a la Embajada de México. Argüello se marchó de Nicaragua con la banda y los sellos presidenciales hacia ese país donde murió de un para cardíaco el 5 de Diciembre 1947 sin jamás haber renunciado a la Presidencia de Nicaragua.

Había nacido en León el 27 de Agosto de 1875 y como fue uno de los principales ideólogos del Partido Liberal en esa era, se le llamó "El Apóstol del Liberalismo". 59

El Mayor Anastasio Somoza Debayle, Comandante de León se regresó de inmediato a Managua con sus tropas y sus armas. El teniente Adolfo Báez Bone fue destituido del Ministerio de Defensa y se asilo junto con su hermano en la Embajada de Guatemala.

Los Coroneles Hermógenes Prado y Adolfo Baca que tenían casa por cárcel fueron hechos prisionero y encerrados en las cárceles lo mismo que Luis Balladares Torres. Los Tenientes Guillermo Marenco Lacayo, Mario Alfaro Alvarado, Guillermo Duarte, Domingo Ibarra Grijalba, Arturo Cruz Porras, Rafael Valle, Noél Bermúdez y los hermanos Teniente Horacio y Capitán Francisco Aguirre Baca entre otros, que apoyaban al presidente Leonardo Argüello son neutralizados por las tropas del Gral. Anastasio Somoza García y las de su hijo el mayor Anastasio Somoza Debayle son dados de baja. El Director del Diario Flecha el escritor Hernán Robleto fue encarcelado y su periódico clausulado.

---

[59] Díaz Lacayo, Aldo. Gobernantes de Nicaragua (1821-1956). Aldilá Editor. Managua 1996. Pp.171-173.

Anastasio Somoza García poco a poco se convirtió en el amo absoluto de la G.N. y de Nicaragua. Muchos oficiales militares que apoyaron la constitucionalidad de Argüello y que deseaban lo mejor para la Guardia Nacional y para Nicaragua fueron dados de baja al consumarse el "golpe de estado de Somoza " y se ven forzados a salir del país al exilio militares como Manuel Gómez, Gustavo Zavala, Agustín Alfaro, José María Tercero Lacayo, Rafael Praslín, Amadeo Baena y otros.[60] El Gral. Anastasio Somoza García, comentaba después del "golpe" entre sus amigos: "Este viejo (Argüello) tonto se creía presidente y ni siquiera sabía que no sacó no 10,000 votos" [61]

El Congreso Nacional controlado por el General Anastasio Somoza García se reunió los días 26, 27 y 28 de Mayo para legalizar la destitución del Presidente Dr. Leonardo Argüello Barreto declarándolo incapacitado para gobernar y nombra Presidente al primer designado Sr. Benjamín Lacayo Sacasa. Al momento de la votación los conservadores representantes de la "oposición" en el Congreso, se abstuvieron de votar apoyando sin embargo con su abstención las ambisiones políticas de Anastasio Somoza García.

---

[60] García Gutiérrez, Terencio. Habla un testigo de la lucha en Nicaragua. Costa Amic Editores. México 1983. pp. 23-26.
Blandón, Jesús Miguel. Entre Sandino y Fonseca Amador. Edición Propia. Managua, Nicaragua 1979. P.43.
Cole Chamorro, Alejandro. 145 Años de Historia Política en Nicaragua. Editora Nicaragüense. Managua 1967. P. 128.
[61] Chamorro Cardenal, Pedro J. Estirpe Sangrienta: Los Somoza. Editorial Artes Gráficas. Managua 1978. Pp.48.

El Presidente en ejercicio Sr. Benjamín Lacayo Sacasa (pariente político de Somoza García) emitió la siguiente resolución:

"EL PRESIDENTE DE LA REPÚBLICA"

CONSIDERANDO

"Que el Dr. Leonardo Argüello Barreto, en el ejercicio de la Presidencia de la República ha demostrado "incapacidad" para la administración del Gobierno del Estado, creando una situación anormal que compromete la tranquilidad interna y el crédito internacional del país."

CONSIDERANDO

"Que la actuación del Presidente de la República es contraria a la unidad y disciplina del Ejército, bases indispensables para mantener incólume las Instituciones Fundamentales del Estado y para asegurar la paz social de los nicaragüenses y la seguridad exterior de la Nación, pues ha seguido una labor perturbadora al provocar la división de las Fuerzas Armadas y sembrar antagonismo y rivalidades en contra de sus legítimos superiores jerárquicos."

RESUELVEN:

Art.1.- Separar definitivamente del cargo de la República al Dr. Leonardo Argüello Barreto, electo para ese cargo en los comicios del 2 de Febrero de 1947.-

Art.2.- Llamar al ejercicio de la Presidencia de la República, en defecto del Dr. Argüello Barreto al Primer Designado Don Benjamín Lacayo Sacasa, quién llenará la vacante mientras se restablece totalmente la normalidad y se convoca a nuevas elecciones.

Casa Presidencial. Benjamín Lacayo Sacasa. Presidente por la Ley. [62]

El 27 de Mayo de 1947 el Gral. Anastasio Somoza García nombra a su hijo el Mayor Anastasio Somoza Debayle, Jefe de Operaciones de la G.N. [63]

---

[62] MINISTERIO DE RELACIONES EXTERIORES."REALIDAD POLÍTICA DE NICARAGUA-EDITORIAL TALLERES NACIONALES 1948-Pág.39-40.
[63] Datos Biográficos del Gral. de División Anastasio Somoza Debayle. Secretaria de Información y Prensa de la República. Managua 1976.

PACTO DE HONOR FIRMADO EL 12 DE AGOSTO 1947 ENTRE ANASTASIO SOMOZA GARCIA, EL PRESIDENTE DR. VICTOR MANUEL ROMAN Y REYES Y EL VICE PRESIDENTE MARIANO ARGUELLO VARGAS

BAJO LA PALABRA DE HONOR ME COMPROMETO A:

1.-Nombrar Jefe Director de la Guardia Nacional de Nicaragua y Ministro de la Guerra y Anexos al Gral Anastasio Somoza García, o a la persona que el designe.

2.-A orientar la política de mi Gobierno en acuerdo y armonía con el General Anastasio Somoza García.

3.-A sostener la candidatura presidencial del Gral. Somoza García para el próximo período constitucional o, en su defecto, la candidatura de la persona el General Somoza García.

4.-Tal compromiso de honor lo firmo como un acto de consecuencia y de lealtad política hacia el Jefe del Partido Liberal nacionalista General Anastasio Somoza, quien por su fuerza popular ha sido y es factor decisivo de la política que ha mantenido a nuestro partido en el Poder.

5.-1 Gral. Anastasio Somoza García, por su parte, se compromete a prestar a mi Gobierno su concurso popular y su influencia de la Guardia Nacional de Nicaragua a fin de que pueda desarrollar un programa amplio de progreso y de ideología liberal, manteniéndose inalterable la paz de la República.

6.-Firmo en Managua a los doce días del mes de Agosto de mil novecientos cuarenta y siete, en caracter de futuro Presidente de la República, toda vez que cuento con el apoyo e influencia del General Somoza ante los representantes a la Asamblea Nacional Constituyente. Firma tembién conmigo el Gral. Somoza, en la parte que le corresponde. [64]

El Presidente Interino Benjamín Lacayo Sacasa renuncia a la presidencia el 15 de Agosto de 1947. La Asamblea Nacional elige al Dr. Víctor Manuel Román y Reyes como nuevo Presidente de Nicaragua. Lacayo Sacasa, renuncia a su gobierno de dos meses y 21 días, una maniobra de Anastasio Somoza García para instalar una "Asamblea Nacional Constituyente" y luego lo obligó a renunciar, no sin antes presionarle a emitir el siguiente decreto:

Decreto del 15 de Agosto de 1947

1.-Designar el ejercicio de los cargos de Presidente y Vice-Presidente de la República a los ciudadanos Doctores Victor M. Román y Reyes y Mariano Argüello Vargas.

2.-Los designados deberán tomar posesión de sus cargos ante la Asamblea Nacional Constituyente y la

---

[64] Instituto de Historia de Nicaragua y Centroamérica IHN CA "Revista de Historia" UCA. No. 8. Managua Julio/Diciembre 1996. pp.74.

Constitución Política que esta decrete, determinará la duración de sus mandatos. Benjamín Lacayo Sacasa, Presidente de Nicaragua" [65]

Son detenidos por la G.N. los Generales Carlos Pasos y Adán Vélez, el Gral. Carlos Castro Wassmer huye de León. También son apresados Octavio Pasos Montiel, y Pedro José Zepeda el 14 de Agosto de 1947. La casa del líder conservador Gral. Emiliano Chamorro Vargas es asaltada por turbas el 15 de septiembre de 1947. El Gral. Emiliano Chamorro Vargas es forzado a salir al exilio rumbo a El Salvador el 25 de septiembre de 1947, Chamorro eterno conspirador contra los liberales, después de estar protegido desde el 15 de Septiembre en la sede de la Embajada norteamericana es conducido al aeropuerto de Managua bajo la protección de la bandera de los Estados Unidos por el Secretario de la Embajada en Managua Sr. Maurice Bemhaun, del Embajador de El Salvador Sr. Peña Trejos y del hijo del Gral Anastasio Somoza García, el ya Coronel Anastasio Somoza Debayle como garante. [66]

---

[65] Ramírez Morales, José. Comentario a la Historia de Nicaragua. (1821-1994). Edición Propia. Miami 1996. pp.179.
[66] Ibíd...Blandón, Jesús M... Entre Sandino y Fonseca Amador. Pp.39-40.

**Dr. Víctor Manuel Román y Reyes.
Presidente de Nicaragua
1948-1950**

Ante el caos en país, algunos de los principales dirigentes políticos del partido conservador, vieron la oportunidad de volver a tener acceso al poder y a mediados del mes de enero de 1948 invitaron a Somoza a conversaciones políticas. El 2 de febrero de 1948 Somoza nombró al Dr. Luis Manuel Debayle Sacasa, (su cuñado,) como delegado del partido liberal y el líder conservador General. Emiliano Chamorro Vargas por su lado nombró como su delegado al Dr. Carlos Cuadra Pasos a las conversaciones. Las conversaciones iniciales tuvieron lugar el 26 de febrero de 1948 y sentaron las bases para un acuerdo al que llamaron "pacto de conciliación nacional liberal-conservador."

En la primera reunión los delegados partidarios aprobaron una agenda en la que reconocieron al Dr. Víctor Manuel Román y Reyes y al Dr. Mariano Argüello Vargas como Presidente y Vice-presidente de Nicaragua.

Después de exhaustivas sesiones de trabajo, el día 3 de abril de 1950 los delegados presentaron un documento final para el "Acuerdo Político Conservador-Liberal" o "Pacto de los Generales," para aprobación a sus líderes el General Anastasio Somoza García por el partido liberal y Emiliano Chamorro Vargas por el partido conservador. Ellos revisaron el documento y agregaron otros asuntos de su interés personal, político partidario y económico nacional basados en lo acordado entre el Dr. Luis Manuel Debayle Sacasa y el Dr. Carlos Cuadra Pasos el 26 de febrero de 1948.

Los compromisos convenidos fueron:

1. –Aprobar una amnistía general para todos los opositores al gobierno y libertad para los detenidos por actividades políticas;

2.-Llevar a cabo elecciones generales en el corto plazo para elegir un nuevo Presidente de la República y para elegir una nueva Asamblea Nacional Constituyente.

3._Llevar a cabo una Asamblea Nacional Constituyente en el corto plazo para efectuar cambios a la Constitución Política Nacional y agregar los acuerdos aprobados en las conversaciones políticas;

4.- Ampliar la Representación del partido conservador en la asamblea nacional a 17 escaños y nombrar miembros del partido conservador en cargos públicos locales, nacionales y en embajadas en el extranjero, se les otorgó un 30% de las posiciones en el gobierno;

5.-Aumento del número de Magistrados en las Cortes de Apelaciones y en la Corte Suprema de Justicia y nombramiento de conservadores en los nuevos cargos;

6. –Se garantiza la apoliticidad del Ejército;

7. -Incorporación a la Cámara del Senado con carácter vitalicio a los ex-Presidentes de la República, un beneficio personal para el general Emiliano Chamorro Vargas que fue nombrado Senador Vitalicio;

7. –Se prohíbe la reelección presidencial del presidente de turno y para sus parientes;

8. –Se reconoce y garantiza el voto femenino.

Estos acuerdos eran beneficiosos tanto para el líder liberal general Anastasio Somoza García a quién en ese momento ya era moral y políticamente imposible, sostener su régimen dictatorial ante las protestas y el clamor nacional por libertades políticas.

Somoza por otro lado manipuló las "debilidades políticas,

económicas y personales de los dirigentes conservadores" para mantener con vida su régimen dictatorial. El líder conservador general Emiliano Chamorro Vargas a sabiendas de la astucia y oportunismo de Somoza y el rumbo autoritario y dictatorial de su gobierno, hizo uso de la oportunidad que se le presentaba de volver a usufructuar los beneficios del poder y le ayudó a resolver su propia crisis partidaria y económica interna.

De conformidad con lo pactado, el 20 de mayo de 1950, se llevaron a cabo las elecciones presidenciales, los candidatos fueron el General Anastasio Somoza García por los liberales y el Sr. Emilio Chamorro Benard, por los conservadores, Somoza salió victorioso asegurándose el tercer período presidencial que ya con las nuevas reformas constitucionales fue por seis (6) años, de 1950 a 1956.

Somoza García con este acuerdo político Liberal-Conservador o "Pacto de los Generales," a como se le conoció, legitimó políticamente y reafirmó su gobierno de corte dictatorial y despótico; humilló y arruinó a sus rivales internos, tanto en el ejército como en el partido liberal, cooptó al partido conservador, destruyendo la credibilidad personal y política de su "líder y máximo caudillo" el General Emiliano Chamorro Vargas y transformó al partido conservador en un "partido zancudo o chupa sangre" que no ha vuelto a gobernar Nicaragua desde entonces. [67]

---

[67] Cardenal, Tellería Marco A. Nicaragua y su Historia. Con Prólogo y Notas de Sergio A. Zeledón Blandón. pp. 520-750.

**General Anastasio Somoza García y
General Emiliano Chamorro Vargas.
"El Pacto de los Generales"
Managua, Nicaragua 3 de abril de 1950.**

**Pacto de los Generales: Emiliano Chamorro y Anastasio Somoza
García, atrás miembros de ambos partidos, entre ellos el Dr. Ricardo
Páiz Castillo y Dr. Oscar Sevilla Sacasa.**

No obstante Anastasio Somoza García siguió con su estilo de gobierno y tanto él como su familia fueron acusados de nepotismo, lo que se hizo del conocimiento del público en los medios de difusión.

Se le acusó que familiares suyos y de su esposa, ocupaban altas posiciones en su gobierno, entre ellos, se mencionó a su yerno, el esposo de su hija Lilian, quién era también primo de su esposa Salvadora, fue Presidente del Congreso Nacional, representante diplomático ante los principales organismos internacionales y Embajador de Nicaragua ante el gobierno de los Estados Unidos en Washington DC, durante todos los años que él y sus hijos Luis y Anastasio Jr. ocuparon la presidencia de Nicaragua; otro primo de su esposa, hermano del anterior fue representante diplomático y Embajador de Nicaragua en México; otro primo de su esposa fue Ministro de Relaciones Exteriores de Nicaragua; un tío político de su esposa fue Ministro de Hacienda y director-gerente de la Lotería Nacional; un hermano de su esposa fue Alcalde de León; otro hermano de su esposa fue gerente general del Banco Nacional de Nicaragua y Embajador en varios países del mundo; otro hermano de su esposa fue Ministro de Salud y presidente de la Compañía Nacional de Electricidad de Nicaragua; su hijo mayor fue diputado, senador y presidente del Congreso Nacional; su hijo menor fue jefe del estado mayor de la guardia nacional GN, director de la Academia Militar y jefe director de la GN; un hijo suyo fuera matrimonio José, fue inspector general de la GN; un tío suyo fue director general de Comunicaciones y Correos de Nicaragua; un cuñado de su esposa fue Cónsul en Nueva York, entre otros.[68]

---

[68]http://es.wikipedia.org/wiki/Anastasio_Somoza_Garc%C3%ADa

La situación política interna llegó al punto que 4 de abril de 1954 Anastasio Somoza García, fue objeto de un complot militar-político con el objeto de eliminarlo. El movimiento lo llevarían a cabo varios ex-oficiales de la guardia Nacional y varios civiles opositores a su gobierno, el grupo capturaría a Somoza a su paso por un lugar en la carretera panamericana sur. El complot fracasó porqué uno de los participantes los delató, no se coordinaron y Somoza ese día salió para otro sitio. Varios de los complotados fueron capturados y asesinados en los cafetales de las sierras en los alrededores de Managua y Carazo, por los detalles que se conocieron sobre sus capturas y sus muertes y por la calidad de las personas muertas, el hecho causó conmoción en Nicaragua e hizo daño político a Somoza.

Anastasio Somoza García se quiso reelegir presidente de Nicaragua por cuarta vez y para ello se postuló como candidato ante la Gran Convención Liberal Nacionalista que se celebró en la ciudad de León el 20 de septiembre de 1956. La convención, controlada por él y por sus seguidores, le proclamó como candidato del PLN y cuando Somoza celebraba su proclamación con una fiesta en el Club Social de Obreros de la ciudad de León, el 21 de septiembre de 1956, fue atacado y herido de gravedad por varios balazos disparados por Rigoberto López Pérez, Somoza fue llevado de emergencia a un hospital en la zona del Canal de Panamá donde falleció el 29 de septiembre de 1956.

Anastasio Somoza García dejó una considerable fortuna, sus herederos: Su viuda Sra. Salvadora Debayle Sacasa; Sus hijos la Sra. Lilian Somoza Debayle de Sevilla

---

#Jefe_Director_de_la_Guardia_ Nacional Ibíd.

Sacasa; el Ing. Luis Somoza Debayle y el general e Ing. Anastasio Somoza Debayle el 7 de marzo de 1957 se reunieron a partirla. Ellos constituyeron varias sociedades para las numerosas propiedades que incluían entre otras, las fincas urbanas y rurales de café La Alemania, La Flor, La finca de potreros el Guapinolar, La finca cafetalera Palmira; varias otras fincas grandes ubicadas en las faldas del volcán Maderas en la isla Ometepe; varias fincas ganaderas en el sitio llamado El Tamarindo, varias fincas cafetaleras ubicadas en San Marcos, Jinotepe y Santa Teresa y varias casas de habitación. Liberal. [69]

[69]Millett, Richard. Guardianes de la Dinastía. Historia de la Guardia Nacional creada por los E.U. y la familia Somoza. Editorial Educa, San José, Costa Rica 1979. P.267.

Diario La Prensa, El Testamento de Somoza García. Managua, Nicaragua, lunes 18 de julio de 1999.

Pérez Valle, Eduardo. El Asesinato de Sandino. Documentos testimoniales recopilados por Eduardo Pérez Valle y Carta de Gregorio Sandino a Don Sofonías Salvatierra. pp.67-68.
Zeledón Blandón, Sergio A. Dr. Biografía, Historia y Genealogía de la familia Somoza de Nicaragua. Miami, Florida 2006.
Cardenal, Tellería Marco A. Nicaragua y su Historia. Con Prólogo y Notas de Sergio A. Zeledón Blandón. pp. 520-750.
Cuadra, Abelardo. Hombre del Caribe. Memorias. Editorial EDUCA. San José, Costa Rica 1979. pp.115-131.
Delgado, Edmundo. Juan Matagalpa. (Sandino. Los Somoza y Los Nueve Comandantes Sandinistas) Honduras Industrial 1984. pp. 237-254.
Salvatierra, Sofonías. "Sandino o la tragedia de un pueblo". Madrid, España 1934. pp.246.
Macaulay, Neill. Sandino. Traducción de Luciano Cuadra. Editorial EDUCA. San José Costa Rica 1970. pp.337-340.

Ing. Luis A. Somoza Debayle
Presidente de Nicaragua
(1956-1963)

14.- Ingeniero Luís A. Somoza Debayle. Presidente de Nicaragua (1956-1963.)

Hijo del Presidente General Anastasio Somoza García y de la Sra. Salvadora Debayle Sacasa. Ella fue hija del Dr. Luis H. Debayle Pallais y de la Sra. Casimira Sacasa Sacasa, a su vez la Sra. Casimira Sacasa Sacasa fue hija del ex-presidente de Nicaragua Dr. Roberto Sacasa Sarria y de la Sra. Ángela Sacasa Cuadra, a su vez el Dr. Roberto Sacasa Sarria fue hijo del Dr., Juan Bautista Sacasa Méndez y de la Sra. Casimira Sarria Montealegre; Juan Bautista Sacasa Méndez a su vez fue hijo del Dr. y Coronel José Crisanto Sacasa Parodi y de la Sra. Mariángeles Méndez de Figueroa; por su lado, José Crisanto fue hijo del Teniente de General José Roberto Sacasa Marenco y de la Sra. Paula Parodi Durán; José Roberto a su vez, fue hijo del Capitán José Francisco Sacasa Belausteguigoitia Salinas y de su esposa Sra. María Lucía Marenco López del Corral. Luis Somoza Debayle contrajo matrimonio con la Sra. Isabel Urcuyo Rodríguez nacida en Costa Rica, hija del nicaragüense Lic. Clodomiro Urcuyo Argüello, quien fue Ministro de Educación del Gobierno del Dr. Juan Bautista Sacasa Sacasa y de su esposa, Amalia Rodríguez Crochet, perteneciente a una destacada familia costarricense.

Luis Somoza Debayle estudió su secundaria en la Academia Militar La Salle en New York y luego estudió su carrera de Ingeniería Agrícola en la Universidad de Baton Rouge en el Estado de Luisiana en los Estados Unidos de América donde se graduó. A su regreso a Nicaragua se dedicó a los negocios familiares y a la política como miembro del Partido Liberal Nacionalista y el 27 de mayo de 1950, fue electo diputado al Congreso

Nacional de Nicaragua. También se incorporó como miembro del ejército nacional y fue nombrado Jefe de la Oficina de Seguridad Nacional de Nicaragua.

Su padre el Presidente General Anastasio Somoza García fue víctima de un atentado contra su vida durante una concentración política en el club de obreros de la ciudad de León el día 21 de septiembre de 1956 falleciendo el día 26 en el Hospital Gorjas en la zona del canal de Panamá donde fue trasladado para recibir atención Médica. Luis Somoza que ya era Presidente del Congreso asumió interinamente la presidencia de Nicaragua para terminar el período presidencial de su padre y de inmediato emitió un decreto declarando la Ley Marcial y el Estado de Sitio suspendiendo todas las Garantías ciudadanas en el país. Luis Somoza emitió otro decreto llamando a llevar a cabo elecciones para Presidente de Nicaragua en la fecha señalada por la ley electoral que era el 2 de febrero de 1957.

Con el apoyo del Partido Liberal Nacionalista Luis Somoza Debayle se postuló como candidato, las elecciones se llevaron a cabo en la fecha señalada y fue electo Presidente de Nicaragua.

Luis Somoza Debayle asumió la presidencia de Nicaragua el 1 de mayo de 1957 y desempeñó su cargo hasta el día 1 de mayo de 1963 en que la entregó al nuevo presidente electo, el abogado liberal, Dr. René Schick Gutiérrez. Luis Somoza Debayle se dedicó posteriormente a sus negocios y a la política falleció de un ataque cardíaco, en Managua el día 13 de abril de 1969. Liberal[70]

---

[70]Cardenal, Tellería Marco A. Nicaragua y su Historia. Con Prólogo y Notas de Sergio A. Zeledón Blandón. pp. 520-750.

**General e Ingeniero Anastasio Somoza Debayle
Presidente de Nicaragua (1967-1979.)**

15.- General e Ingeniero. Anastasio Somoza Debayle. Presidente de Nicaragua (1967-1979.)

Hijo del Presidente General Anastasio Somoza García y de la Sra. Salvadora Debayle Sacasa. Ella fue hija del Dr. Luis H. Debayle Pallais y de la Sra. Casimira Sacasa Sacasa; a su vez la Sra. Casimira Sacasa Sacasa, fue hija del ex-presidente de Nicaragua Dr. Roberto Sacasa Sarria y de la Sra. Ángela Sacasa Cuadra; por su lado, el Dr. Roberto Sacasa Sarria fue hijo del Dr., Juan Bautista Sacasa Méndez y de la Sra. Casimira Sarria Montealegre;

Caldera Cardenal, Norman. El Paso Entre Los Mares: La Familia Sacasa y el Poder en Nicaragua. Managua, Nicaragua 1ra. Edición 2011.

Juan Bautista Sacasa Méndez a su vez, fue hijo del Dr. y Coronel José Crisanto Sacasa Parodi y de la Sra. Mariángeles Méndez de Figueroa; por su lado, José Crisanto fue hijo del Teniente de General José Roberto Sacasa Marenco y de la Sra. Paula Parodi Durán; José Roberto a su vez, fue hijo del Capitán José Francisco Sacasa Belausteguigoitia Salinas y de su esposa Sra. María Lucía Marenco López del Corral.

Anastasio Somoza Debayle estudió su secundaria en la Academia Militar La Salle en New York, luego estudió la carrera militar y recibió un grado en Ingeniería Civil en la Academia Militar West Point, en el Estado de New York en los Estados Unidos de América.

Contrajo matrimonio con su prima Sra. Hope Portocarrero Debayle hija del Sr. Néstor Portocarrero Gross y de su esposa Blanca Debayle Sacasa, a su vez Blanca fue hija del Dr. Luis H. Debayle Pallais y de su esposa Casimira Sacasa Sacasa, hija a su vez del presidente de Nicaragua Dr. Roberto Sacasa Sarria y de su esposa Ángela Sacasa Cuadra, el Dr. Roberto Sacasa a su vez fue hijo del Dr. Juan Bautista Sacasa Méndez y de su esposa Sra. Casimira Sarria Montealegre, el Dr. Juan Bautista Sacasa fue hijo a su vez del Dr. y Coronel José Crisanto Sacasa Parodi y de su esposa Mariángeles Méndez de Figueroa. José Crisanto a su vez, fue hijo del Teniente de General José Roberto Sacasa Marenco y de la Sra. Paula Parodi Durán; José Roberto por su lado, fue hijo del Capitán José Francisco Sacasa Belausteguigoitia Salinas y de la Sra. María Lucía Marenco López del Corral. Por su lado Néstor Portocarrero Gross fue hijo del Sr. José Dolores Portocarrero Dubón y de la Sra. Carolina Gross Jerez, hija a su vez del Coronel Manuel Gross y de la Sra. Fidelia Jerez Quiñónez del Valle, hija a su vez del Sr. Vicente Jerez Grandón y de la Sra. Josefa Quiñónez del Valle Díaz del Valle, hija a su vez del Dr. Francisco Quiñónez, quién fue Miembro de la Real Junta Gubernativa de la Provincia de Nicaragua establecida por el gobernador español de Nicaragua Fray Nicolás García Jerez el 14 de diciembre de 1811 en León. Al ser destituido Fray Nicolás García Jerez quién fue el último gobernador Español de Nicaragua, Quiñonez fue elegido Miembro de la Junta Gubernativa Independiente de León, Nicaragua el 17 de abril de 1823 y el 2 de julio del mismo fue electo Diputado por Nicaragua al Congreso Federal de Centroamérica en Guatemala y fue uno de los firmantes de la primera Constitución Política de la República Federal de Centroamérica el 2 de noviembre de 1824.[71]

---

[71] Zelaya, Chester. Nicaragua en la Independencia. Editorial EDUCA. pp. 171-181.

Quintana, Osmán. Apuntes de Historia de Nicaragua. Managua Nicaragua. pp. 126

Cardenal, Tellería Marco A. Nicaragua y su Historia. Con Prólogo y Notas de Sergio A. Zeledón Blandón. pp. 221-225.

Zeledón Blandón, Sergio A. Dr. Los Descendientes de Julio y Vicente Jerez Grandón en Nicaragua. Miami, Florida. 2008.

Zeledón Blandón, Sergio A. Dr. Los Ancestros y Descendientes del Dr. General y Presidente de Nicaragua Máximo Jerez Tellería. Miami, Florida 2006.

Anastasio Somoza Debayle fue un individuo alto, de tez blanca y cabello negro, talentoso y carismático, como sus ancestros, gustaba de las de las armas, de las matemáticas y de la política y tuvo una carrera militar y política meteórica.

Su padre que sabía de sus talentos y gustos, le envió como a su hermano Luis, a la escuela militar La Salle en New York donde se bachilleró y cuando regresó a Managua el día 1ro de julio de 1941 le incorporó, como miembro de la guardia nacional de Nicaragua, con el rango de Sub-Teniente y con el cargo de instructor militar del primer Batallón Presidencial.

En 1944 con el apoyo de su padre, solicitó y fue aceptado como alumno en la academia militar West Point, la más antigua y una de las más prestigiosas en los Estados Unidos de América, donde fue compañero de estudios y de armas de jóvenes norteamericanos que más tarde ocuparon altas posiciones militares, políticas y empresariales en los Estados Unidos de América, estas relaciones personales y profesionales le sirvieron mucho a Somoza Debayle en su carrera militar y política.

Anastasio Somoza Debayle, se graduó en la academia militar de "West Point" en Mayo de 1946 con un título de "Bachelor of Science" en ingeniería civil y con el grado militar de "Second Liutenant", "Segundo Teniente" del ejército de los Estados Unidos de América, formando parte de la hermandad conocida como "The Long Gray Line," La Larga Línea Gris" configurada por famosos exalumnos de la academia, entre ellos el General en Jefe y comandante de las tropas de la Unión durante la guerra civil y posteriormente presidente de los Estados Unidos, General Ulysses S. Grant; el General Robert E. Lee, Comandante General del Ejército Confederado del sur; el

General del Ejército durante la segunda guerra mundial y en la guerra de Corea, General Douglas MacArthur; el General en Jefe de las tropas aliadas contra las fuerzas militares de Adolfo Hitler en la segunda guerra mundial y más tarde presidente de los Estados Unidos, General Dwight D. Eisenhower; y empresarios como el cofundador de AOL Jim Kimsey. [72]

A su regreso a Nicaragua ya graduado el 15 de julio de 1946, fue recibido por su padre el general Anastasio Somoza García y por el estado mayor de la guardia nacional de Nicaragua, en una ceremonia en la cual recibió de manos de su padre el ascenso al grado de Mayor de la guardia nacional de Nicaragua, con los cargos de inspector general y comandante del destacamento militar de la ciudad de León; el 27 de mayo de 1947 fue nombrado Jefe de Operaciones de la guardia nacional con sede en Managua; el 18 de noviembre de 1948 fue ascendido al grado de coronel de la guardia nacional y fue también nombrado Instructor y director de la Academia Militar de Nicaragua; el 19 de diciembre de 1960 fue ascendido a Mayor General de la guardia nacional y el 8 de mayo de 1964 fue ascendido a General de División de la guardia nacional de Nicaragua.

Anastasio Somoza Debayle siempre manifestó su deseo de participar en la política de Nicaragua y en 1964 se inscribió como miembro del Partido Liberal Nacionalista y a mediados del año 1966, parientes, amigos y miembros del PLN le postularon ante la convención del PLN como candidato a presidénte de Nicaragua para las elecciones del 4 de febrero de 1967 y la convención del PLN le eligió como su candidato. Anastasio Somoza

---

[72] https://www.usnews.com/best-colleges/west-point-2893

Debayle, ganó las elecciones y el 1 de mayo de 1967 asumió la presidencia de Nicaragua.

En el mes de mayo de 1967 el Dr. Cornelio Hüeck Secretario de la Junta Directiva del Partido Liberal Nacionalista, delegado del Presidente del Partido Liberal Anastasio Somoza Debayle y el Sr. Arnoldo Lacayo Maison Secretario Político del Partido Conservador de Nicaragua, delegado del Dr. Fernando Agüero Rocha Presidente de dicho partido, se reunieron para sentar las bases para establecer las bases para las negociaciones para un acuerdo político Liberal-Conservador.

El 27 de noviembre de 1970 Somoza y Agüero anunciaron que se habían reunido varias veces en privado y que habían acordado emitir una declaración conjunta que entre otras cosas establecía:

Que con el acuerdo se estaba sentando las bases para una nueva Constitución Política, para lo cual se crearía una Asamblea Nacional Constituyente, ésta fue electa en febrero de 1972 y fue instalada el 15 de abril del mismo año. La Asamblea nombró una Junta de Gobierno cuyo término sería de dos años y medio, que completaría el término del Presidente Somoza Debayle iniciado en el mes de febrero de 1967, reteniendo Somoza Debayle la jefatura general del ejército. La junta de gobierno fue integrada por tres miembros, dos liberales el general (retirado) Roberto Martínez Lacayo y el Dr. Alfonso Lovo Cordero, y un conservador el Dr. Fernando Agüero Rocha; Que se reconocía el paralelismo histórico político libero-conservador y que se ratificaban los acuerdos del convenio liberal-conservador o "pacto de los generales" de 1946 y el de 1950 firmados entre el Gral. Anastasio Somoza García y el Gral. Emiliano Chamorro Vargas.

Uno de los actos que pusieron en las páginas de la historia de Nicaragua a Anastasio Somoza Debayle, fue la abrogación del tratado Chamorro-Bryan que a instancias suya Nicaragua negoció con el Presidente de los Estados Unidos Richard Nixon en abril de 1970. Los documentos de la abrogación fueron firmados por el Secretario de Estado de Estados Unidos Mr. Charles Meyer y por el Ministro de Relaciones Exteriores de Nicaragua Dr. Lorenzo Guerrero el 14 de julio de 1970. Anastasio Somoza Debayle firmó la ratificación de la abrogación del tratado en Managua el 14 de julio de 1971 y el día 5 de diciembre de 1971 fue galardonado con la medalla del Congreso Nacional de Nicaragua. [73]

El Dr. Fernando Agüero Rocha renunció a la junta a finales de febrero de 1973 siendo sustituido el 1ro de marzo de 1973 por el Dr. Edmundo Paguaga Irías, que lo mantuvo hasta diciembre de 1974.

Anastasio Somoza Debayle, luego de una grave enfermedad que le llevó a una serie de operaciones en el corazón en un hospital en los Estados Unidos y un terrible terremoto que destruyó la ciudad de Managua el 23 de diciembre de 1972, causando gran cantidad de muertos, la destrucción de la ciudad de Managua y el colapso de las principales operaciones gubernamentales que estaban concentradas en dicha ciudad. Somoza fue nombrado Presidente del Comité Nacional de Emergencia para coordinar las operaciones de rescate y reconstrucción del terremoto y para la administración de una gran cantidad de ayuda en forma de dinero, alimentos ropa y equipo de rescate que comenzaba a llegar al país a comienzos de 1973.

---

https://books.google.com/books?isbn=1608717925

En los primeros meses del año 1974 Somoza Debayle se postuló como candidato a la reelección para Presidente de Nicaragua ante la convención del Partido Liberal Nacionalista que le nominó como su candidato. En septiembre de 1974, Somoza ganó la reelección y tomó posesión de la presidencia el 1ro de diciembre de 1974. Numerosas acusaciones de corrupción en la administración y uso de la ayuda y de los fondos para la reconstrucción, comenzaron a publicarse en diarios escritos, hablados y de TV tanto en los Estados Unidos como en Nicaragua. La oposición política contra Somoza Debayle aumentó incluso en su propio partido, de manera tal que nació una coalición de partidos y grupos políticos democráticos, empresarios, comerciantes e industriales y con la participación del grupo guerrillero FSLN, contra Somoza Debayle y su gobierno. Somoza confrontó una fuerte presión internacional y el nuevo gobierno de Estados Unidos no fue partidario de su gobierno. Somoza también confrontó el asesinato por matones en las calles de Managua el 10 de enero de 1978, del líder político, laureado periodista y escritor, Dr. Pedro Joaquín Chamorro Cardenal, miembro de una prominente familia conservadora, respetado y apreciado tanto en Nicaragua como en Estados Unidos y en los países democráticos de América Latina y del mundo. A raíz de la conmoción causada por el asesinato de Chamorro que cubrió el país entero, varias ciudades de Nicaragua fueron tomadas militarmente por los rebeldes y sometidas a fuertes ataques por las fuerzas militares leales a Somoza tratando de recuperarlas, causando destrucción y muerte, incluyendo la muerte por fuerzas leales de Somoza en las calles de Managua el 20 de junio de 1979 del periodista norteamericano Bill Stewart de la cadena noticiosa ABC de los Estados Unidos, cuando estaba realizando un reportaje. Jack Clark el camarógrafo de Stewart, quién anteriormente se había bajado del vehículo en que viajaban, pudo filmar el hecho desde donde estaba, escapar de la zona y enviar el video a su sede en New York que lo transmitió al extranjero para los noticieros de ABC de la tarde, siendo retransmitido por las otras cadenas noticiosas, ante el horror de toda la nación y del mundo. Analistas políticos e historiadores piensan que este hecho fue determinante en el cambio que la opinión pública y en las altas esferas del gobierno norteamericano tuvieron respecto al gobierno de Somoza en Nicaragua.[74] Somoza Debayle luego de fútiles negociaciones con diplomáticos y enviados especiales del gobierno de Estados Unidos, perdió el apoyo y la ayuda de sus principales aliados y fue forzado a presentar su renuncia a la presidencia ante el Congreso Nacional, entregando la banda presidencial al presidente del congreso Dr. Francisco Urcuyo Maliaño y saliendo al exilio el día 19 de julio de 1979 hacia los Estados Unidos primero y luego al Paraguay. El 17 de septiembre de 1980 Anastasio Somoza Debayle fue víctima de un atentado contra su vida en la ciudad de Asunción, Paraguay, donde vivía. Un comando guerrillero del grupo Argentino ERP dirigido por Enrique Gorriarán Merlo, "alias Capitán Santiago," se atribuyó el hecho.[75] Liberal.

---

[74] http://en.wikipedia.org/wiki/Bill_Stewart_(television_journalist)

[75] Cardenal, Tellería Marco A. <u>Nicaragua y su Historia. Con Prólogo y Notas de Sergio A. Zeledón Blandón.</u> pp. 520-750.

Caldera Cardenal, Norman. <u>El Paso Entre Los Mares: La Familia Sacasa y el Poder en Nicaragua.</u> Managua, Nic. 1ra. Edición. 2011.

16.- General Roberto Martínez Lacayo. Miembro de la Junta de Gobierno de Nicaragua (1972-1974).

Fue hijo del Dr. Roberto Martínez Moya y de la Sra. Emelina Lacayo Sacasa, ella fue hija del Sr. Daniel Lacayo Bermúdez y de la Sra. Encarnación Sacasa Cuadra, hija a su vez del Sr. Salvador Sacasa Méndez y de la Sra. Manuela Cuadra Lugo. Salvador Sacasa Méndez fue hijo a su vez, del Dr. y Coronel José Crisanto Sacasa Parodi y de la Sra. Mariángeles Méndez de Figueroa; José Crisanto a su vez, fue hijo del Teniente de General José Roberto Sacasa Marenco y de la Sra. Paula Parodi Durán; José Roberto por su lado, fue hijo del Capitán José Francisco Sacasa Belausteguigoitia Salinas y de la Sra. María Lucía Marenco López del Corral.

Roberto Martínez Moya, fue militar con grado de general del ejército de Nicaragua bajo el Presidente Anastasio Somoza García, quién había sido su compañero de escuela y de cuarto en Filadelfia, Pensilvania USA, cuando estudiaban ahí y que le presentaron a su futura esposa Salvadora Debayle Sacasa. Fue propuesto como Miembro de la Junta de Gobierno por Anastasio Somoza Debayle en 1972, en la que sirvió hasta 1973. Liberal.[76]

---

[76]Cardenal, Tellería Marco A. Nicaragua y su Historia. Con Prólogo y Notas de Sergio A. Zeledón Blandón. pp. 520-750.

Caldera Cardenal, Norman. El Paso Entre Los Mares: La Familia Sacasa y el Poder en Nicaragua. Managua, Nicaragua 1ra. Edición 2011.

17.- Dr. Francisco Urcuyo Maliaños. Médico, Ministro de Salud, Senador y Presidente de Nicaragua (17, 18 y 19 de julio de 1979)

Francisco Urcuyo contrajo matrimonio con la Sra. María Luisa Muñóz Urtecho, hija del Sr. Alfonso Muñóz Pineda y de la Sra. Carmela Urtecho Chamorro; a su vez el Sr. Alfonso Muñóz Pineda fue hijo del Sr. Ponciano Muñóz y de la Sra. Carmela Urtecho Pineda; por su lado, la Sra. Carmela, fue hija del Sr. José Andrés Urtecho Lebrón y de la Sra. María Josefa Dolores Pineda Sacasa; a su vez la Sra. Josefa fue hija del Director Supremo del Estado de Nicaragua Lic. Laureano Pineda Ugarte y de su esposa la Sra. Dolores Sacasa Méndez, hija del Dr. y Coronel José Crisanto Sacasa Parodi y de su esposa Mariángeles Méndez de Figueroa; José Crisanto a su vez, fue hijo del Teniente de General José Roberto Sacasa Marenco y de la Sra. Paula Parodi Durán; José Roberto por su lado, fue hijo del Capitán José Francisco Sacasa Belausteguigoitia Salinas y de la Sra. María Lucía Marenco López del Corral. Liberal.

**Sra. Violeta Barrios Torres viuda de Chamorro
Presidenta de Nicaragua. (1979-1984 y 1990-1996)**

18.- Sra. Violeta Barrios Torres de Chamorro. Miembro Junta de Gobierno de Reconstrucción Nacional (1979-1984) Presidenta de Nicaragua (1990-1996.)

Ella es hija del Sr. Carlos Barrios Sacasa y de la Sra. Amalia Torres Hurtado; el Sr. Carlos Barrios Sacasa fue hijo del Sr. Manuel Joaquín Barrios Guerra y de la Sra. Carmen Sacasa Hurtado; por su lado la Sra. Carmen Sacasa Hurtado, fue hija del Sr. Felipe Sacasa Alvarado y de la Sra. Simona Hurtado Bustos; a su vez el Sr. Felipe Sacasa Alvarado fue hijo del Dr. José Francisco Sacasa Méndez y de la Sra. Mercedes Alvarado; por su lado Francisco Sacasa Méndez, fue hijo del Dr. y Coronel José Crisanto Sacasa Parodi y de su esposa Mariángeles

Méndez de Figueroa; José Crisanto a su vez, fue hijo del Teniente de General José Roberto Sacasa Marenco y de la Sra. Paula Parodi Durán; José Roberto por su lado, fue hijo del Capitán José Francisco Sacasa Belausteguigoitia Salinas y de la Sra. María Lucía Marenco López del Corral. La Sra. Amalia Torres Hurtado, madre de la Sra. Violeta Barrios Torres; a su vez, fue hija del Sr. Manuel José Torres Chamorro y de la Sra. Amalia Hurtado Guerra; por su lado el Sr. Manuel José Torres Chamorro, fue hijo del Sr. Pablo Torres Saborío y de la Sra. Rosario Chamorro Hurtado; a su vez la Sra. Rosario Chamorro Hurtado fue hija del Sr. José María Chamorro Bermúdez y de la Sra. María Crisanta Hurtado de la Peña; por su lado José María Chamorro Bermúdez fue hijo del Capitán José Matías Chamorro Argüello (hermano del Capitán y Lic. Pedro José Chamorro Argüello) y de la Sra. Josefana Bermúdez de la Cerda; a su vez José Matías Chamorro Argüello, fue hijo del Teniente Coronel Fernando Chamorro Lacayo y de la Sra. Bárbara Nicolasa Argüello del Castillo Ugarte; Fernando Chamorro Lacayo por su lado fue hijo del Sargento Mayor Diego Chamorro Sotomayor y Murga y de su esposa Sra. Gregoria Gertrudis Lacayo de Briones y Palacios.[77]

---

[77] Cardenal, Tellería Marco A. Nicaragua y su Historia. Con Prólogo y Notas de Sergio A. Zeledón Blandón. pp. 520-750.

Caldera Cardenal, Norman. El Paso Entre Los Mares: La Familia Sacasa y el Poder en Nicaragua. Managua, Nicaragua 1ra. Edición 2011 Ibíd.

La Sra. Violeta Barrios Torres viuda De Chamorro, fue miembro de la Junta de Gobierno de Reconstrucción Nacional (1979-1984) formada por partidos y grupos políticos opositores al gobierno de Anastasio Somoza Debayle que le derrocaron. Siendo por derecho propio, parte de las dos familias estudiadas en este ensayo, la Sra. Violeta Barrios viuda de Chamorro fue postulada como candidata a la Presidencia de Nicaragua por una coalición de partidos políticos llamada Unión Nacional Opositora UNO, en las elecciones de noviembre de 1989 en oposición al Frente Sandinista de Liberación Nacional FSLN, liderado por el presidente Daniel Ortega Saavedra, elecciones en las que resultó ganadora, encabezando de 1990 a 1996 el proceso de transición de la guerra civil a la pacificación, al desarme, la reconciliación y la reconstrucción nacional, siendo por ello recordada y querida en Nicaragua.

Contrajo matrimonio y es viuda del asesinado escritor, periodista y editor del periódico La Prensa de Managua, Nicaragua, Dr. Pedro Joaquín Chamorro Cardenal; Pedro Joaquín, a su vez fue hijo, del escritor, periodista y senador Dr. Pedro Joaquín Chamorro Zelaya y de la Sra. Margarita Cardenal Argüello; Pedro Joaquín Chamorro Zelaya por su lado, fue hijo del Sr. Pedro Joaquín Chamorro Bolaños y de la Sra. Ana María Zelaya Bolaños; a su vez, Pedro Joaquín Chamorro Bolaños fue hijo del ex-presidente de Nicaragua Pedro Joaquín Chamorro Alfaro y de la Sra. María de la Luz Bolaños Bendaña; Pedro Joaquín Chamorro Alfaro por su lado, fue hijo del capitán y Lic. Pedro José Chamorro Argüello y de la Sra. Josefa Margarita Alfaro Monterroso; a su vez Pedro José fue hijo del teniente coronel Fernando

Chamorro Lacayo y de la Sra. Bárbara Nicolasa Argüello del Castillo; Fernando por su lado, fue hijo del Sargento Mayor Diego Chamorro Sotomayor y de la Sra. Gregoria Gertrudis Lacayo de Briones y Pomar. [78] Conservadora.

Dr. Pedro J. Chamorro Cardenal

[78]Cardenal, Tellería Marco A. <u>Nicaragua y su Historia. Con Prólogo y Notas de Sergio A. Zeledón Blandón.</u> *Ibíd,* pp. 520-750.

Caldera Cardenal, Norman. <u>El Paso Entre Los Mares: La Familia Sacasa y el Poder en Nicaragua.</u> Managua, Nicaragua 1ra. Edición 2011 *Ibíd.*

III. Segunda Parte
La Dinastía de los Chamorro

Los primeros Chamorro de los que se tiene récord escrito de su llegada a Nicaragua viajaron con la comitiva al servicio del nuevo obispo de la diócesis católica de Nicaragua y Costa Rica, Monseñor Dionisio de Villavicencio y Murga y desembarcaron en el puerto del Realejo en Nicaragua el 21 de enero de 1731.

El Expediente de información y licencia de pasajeros a indias que se guarda en el Archivo General de Indias en Sevilla, refiere que el nuevo obispo de la catedral de León y fraile agustino a Nueva España, Dionisio de Villavicencio llegó al puerto del Realejo en Nicaragua, con el confesor y fraile Agustino Francisco Ignacio de Rivas y las siguientes personas de su servicio, Diego Manuel Chamorro, hijo de Pedro Chamorro; Francisco Ignacio Chamorro, hijo de María de Murga; Jerónimo García, hijo de Diego García; José de Castro hijo de Antonio Castro y Alonso de Baena hijo de Luis de Baena. [79]

---

[79] Archivo General de Indias, Contratación. 5478,N.1, R.27

DON PEDRO JOAQUIN CHAMORRO

FRUTO CHAMORRO
1853 - 1854

GENERAL FERNANDO CHAMORRO
Vencedor de los filibusteros en "El Jocote"

EMILIANO CHAMORRO
1917 - 1920

El obispo y su comitiva se habían embarcado en Sevilla, España, hacia La Habana, Cuba, de ahí pasaron a Guatemala donde se albergaron en el arzobispado de dicha ciudad a esperar por las credenciales del nuevo obispo, al llegar éstas se embarcaron hacia al puerto de El Realejo en Nicaragua y de ahí viajaron a la ciudad de León, donde Villavicencio asumió su cargo como obispo de la diócesis de Nicaragua y Costa Rica.

Es sabido que investigadores enviados a España en otras épocas por la familia Chamorro desde Nicaragua y Guatemala no obtuvieron certificación de algún registro de nacimiento de la Iglesia católica o de algún registro o institución civil que comprobara fehacientemente de quién fueron hijos Diego Manuel Chamorro y Francisco Ignacio Chamorro. Se encontraron si, registros y los records de su llegada al puerto del Realejo en Nicaragua con la comitiva del obispo.[80]

---

[80]Aparicio y Aparicio, Edgard Juan, Marqués de Vista bella. Genealogía de la Familia Chamorro. Revista Conservadora del Pensamiento Centroamericano. No 91 abril 1968. Managua, Nicaragua pp. 1-10.
Vivas Benard, Pedro Pablo. Genealogía de la Familia Chamorro. Revista Conservadora del Pensamiento Centroamericano No. 92 mayo 1968 pp. 11-19. Managua, Nicaragua. pp. 11-19.

Generales Pedro Joaquín Chamorro Alfaro, Fruto Chamorro Pérez, Fernando Chamorro Alfaro y Emiliano Chamorro Vargas. Presidentes de Nicaragua

Las razones porqué la familia lo envió con su tío, por el lado materno, el obispo Dionisio de Villavicencio y Murga cuando éste fue enviado a Guatemala en la capitanía General de Guatemala se desconocen, sin embargo, se sabe que Diego Chamorro Sotomayor y Murga no regresó jamás a España. Sin olvidar que era costumbre en esa época que jóvenes reconocidos o no, como hijos o miembros de familias de hidalgos, eran enviados con sus parientes que emigraban o viajaban en alguna misión a las colonias en América, en especial si eran misiones eclesiásticas o militares, a fin de alejarlos de los asuntos familiares o para que, buscaran su propia fortuna.

El investigador social, historiador y catedrático Nicaragüense Dr. Germán Romero Vargas en referencia a hechos como estos nos dice por un lado que, algunas personas recién llegadas a quiénes se llamaba "peninsulares" lograron alcanzar la cima y acumular fortunas gracias a los cargos que ejercían, a alianzas matrimoniales con hijas o hijos de los "criollos o españoles nacidos en las colonias" quiénes de preferencia contraían matrimonio con recién llegados de su misma etnia y religión. Por otro lado, la inmigración a la provincia era casi solo de hombres solteros que llegaban como militares, funcionarios burocráticos o comerciantes y las hijas de los españoles provinciales se casaban con ellos sin mucho miramiento sobre sus orígenes familiares o sociales en la península por las mismas razones atrás mencionadas. De esta manera, los recién llegados, lograban aceptación social, posiciones y fortuna rápida y fácilmente. También las familias criollas al casar a sus hijas con estos recién llegados se aseguraban influencia en la burocracia, el cabildo, las milicias y en el clero y hasta cargos para sus familias. Finalmente, como el ejercicio de la autoridad de Madrid era poco menos que una ficción en una provincia tan alejada y de difícil comunicación como Nicaragua, estas personas, civiles, militares y religiosos, eran los que ejercían la autoridad y estaban supuestos a hacer cumplir la ley y se acostumbraban a tomar decisiones en asuntos civiles y penales en algunos casos hasta de vida o muerte, de manera que llegaron a ejercer y a adquirir mucho poder. Se cree que esto pudo llegar a ser determinante en el nacimiento de localismos, divisiones y conflictos que luego fueron causa de guerras civiles fratricidas al declararse la independencia nacional, en las que Guatemala, Granada, León, Cartago y otras ciudades y provincias de Centro América reclamaron jurisdicción y poder sobre territorios la una sobre la otra, llegando finalmente a desmembrarse. [81]

Una vez en León, Nicaragua Diego Chamorro Sotomayor y Murga fue patrocinado por su tío el obispo Dionisio de Villavicencio para que ingresara a las milicias españolas que protegían la provincia. Diego tenía las cualidades físicas e intelectuales y se destacó como militar y obtuvo entre otros, el grado de Sargento Mayor, al igual que posiciones relevantes en la administración de la ciudad que le permitieron amasar una considerable fortuna en negocios y empresas comerciales y agrícolas.

Diego apadrinado por su tío se relacionó con familias criollas de relevancia y fortuna en Nicaragua (nacidas en América) y contrajo matrimonio cuatro (4) veces. Sus esposas fueron las Sras. Gregoria Gertrudis Lacayo de Briones y Pomar, Inés de Villanueva, Juana Francisca Fajardo y Rafaela O'Connor de Salafranca, procreando con ellas muchos hijos de los cuales veinte (20) le sobrevivieron. Diez de sus hijos fueron sacerdotes y el

---

[81] Romero Vargas, Germán Dr. Las Estructuras Sociales de Nicaragua en el Siglo XVIII. Ibíd. Editorial Vanguardia, 1988. Managua, Nicaragua. pp. 271-274-461.

resto contrajeron también matrimonio con hijas e hijos de familias de españoles ya establecidas en Nicaragua.

Al morir Diego, su inventario de bienes señalaba numerosos negocios y propiedades entre otras: casa, negocio, mercaderías y una hacienda de cacao "El Chagüite de Malaco" en las vecindades de Granada, tres haciendas de ganado en Chontales, "San Juan de Buenavista", "Cacaguapa" y "Santa Isabel", seis esclavos, objetos de plata labrada, una biblioteca con libros religiosos y de literatura, su casa de habitación en Granada que contenía su tienda o negocio tenía también 40 sillas, un sinnúmero de mesas, escritorios, baúles y cuadros de temas religiosos adornando las paredes.

A Diego Chamorro Sotomayor y Murga se le considera el tronco fundador y origen de la mayor parte de las diferentes ramas de la familia Chamorro de Nicaragua. [82]

La trayectoria de la familia Chamorro en la política de Nicaragua, es larga y notable, configurando una dinastía de once (11) de sus gobernantes, entre jefes de estado, directores de estado y presidentes de Nicaragua, superada solamente por la familia Sacasa de la que algunos de sus miembros son parte, siendo la segunda dinastía más

---

[82] Romero Vargas, Germán Dr. Las Estructuras Sociales de Nicaragua en el Siglo XVIII. Editorial Vanguardia, 1988. Managua, Nicaragua. pp. 271-274-461.

Archivo General de Centroamérica. Guatemala. Autos de la mortual del sargento mayor Don Diego Chamorro Sotomayor. A. 143-394-2651

larga, pero no consecutiva, de gobernantes en la historia moderna del país, la mayor parte de ellos conservadores y que son los que a continuación enumero y describo:[83]

1.- Capitán y Licenciado Pedro José Chamorro Argüello. Miembro de la Junta de Gobierno Independiente de Managua, Nicaragua (1824). Alférez Real, Sub-Delegado de Finanzas y Alcalde de Granada.

Fue hijo del español Teniente Coronel Fernando Chamorro Lacayo, y de la Sra. Bárbara Nicolasa Argüello del Castillo y Ugarte, de Granada. A su vez, Fernando Chamorro Lacayo fue hijo del español Sargento Mayor Diego Chamorro Sotomayor y Murga y de la Sra. Gregoria Gertrudis Lacayo de Briones y Palacios.

Pedro José Chamorro Argüello contrajo matrimonio con Josefa Margarita Alfaro Monterroso hija del capitán de milicias Félix Alfaro y de la Sra. Antonia Monterroso, quién de acuerdo a los cronistas y a los registros de bautismo, era una ex-esclava liberta, hija del español y

---

[83]Aparicio y Aparicio, Edgard Juan, Marqués de Vista bella. Genealogía de la Familia Chamorro. Revista Conservadora. Ibíd.

Cardenal, Tellería Marco A. Nicaragua y su Historia. Con Prólogo y Notas de Sergio A. Zeledón Blandón. Editorial Printex SA. Managua, Nicaragua año 2000. pp. 252-371 Ibíd.

Argüello Rivas, Rogers Camilo. Árbol Genealógico de las familias Argüelles de Argüello de Argolo de España y Portugal en América. Managua, Nicaragua 2008.

Capitán de Milicias en Granada Antonio Monterroso y de Antonia una ex-esclava africana a su servicio.

Pedro José y Josefa tuvieron seis (6) hijos, Rosendo, Carmen, Dionisio, Pedro Joaquín, Fernando y Mercedes Chamorro Alfaro, quiénes son, el origen de las principales ramas de los Chamorro de Nicaragua.

Pedro José en sus años de estudiante en Guatemala procreó un hijo con una joven indígena guatemalteca llamada María Pérez, la que puso el nombre de Fruto Pérez y quién más tarde fue conocido como Fruto Chamorro Pérez. (Ver adelante bajo # 3 Fruto Chamorro.)

Pedro José que se había graduado en leyes en Guatemala y a su regreso a Nicaragua ejerció su carrera como funcionario público, también se registró a las milicias militares españolas que defendían la provincia y heredó de su padre empresas de comercio y haciendas que dedicó a la agricultura y a la ganadería destacándose en todas sus actividades y llegando a acumular una considerable fortuna.

Después de la independencia de España se dedicó a la política junto y se unió a las fuerzas Republicanas/ Conservadoras de Granada de las que llegó a ser su líder en la lucha contra los Republicanos/ Liberales que lideraba el coronel Cleto Ordóñez Yrigoyen que le derrotó de manera tal que se vio obligado a abandonar Granada para salvar su vida. En 1824 Pedro José Chamorro Argüello fue electo miembro de la Junta Independiente de Gobierno de Managua la que conformó junto con el Coronel José Crisanto Sacasa Parodi, el Coronel Manuel Arzú, el sacerdote Policarpo Yrigoyen, el Lic. Juan José Zavala y el Capitán Félix Alfaro. Pedro José Chamorro Argüello murió en Managua el 15 de abril de 1824 en una batalla contra los Republicanos/Liberales de León. Conservador.[84]

Lic. Juan Argüello del Castillo
Alcalde de Granada, Sub-Jefe y Jefe de Estado de Nicaragua

---

[84]Aparicio y Aparicio, Edgard Juan, Marqués de Vista bella. Genealogía de la Familia Chamorro. Revista Conservadora. *Ibíd.* Zelaya, Chéster. Nicaragua en la Independencia. Editorial EDUCA, San José Costa Rica. 1971. pp. 224, 319.

2- Lic. Juan Argüello del Castillo. Fue Alcalde de Granada, Jefe de Estado y Sub-Jefe de Estado de Nicaragua (1825-1829.)

Fue hijo del español capitán Narciso José de Argüello y Monsiváis y de su esposa Sra. Ana Joaquina del Castillo De Ugarte. Contrajo matrimonio con la Sra. Tomasa Chamorro Sacasa, hija del Sr. Joaquín Chamorro Fajardo, hijo a su vez del Sargento Mayor Diego Chamorro y Sotomayor y Murga y de su esposa la Sra. Josefina Sacasa Marenco, hija del Capitán Francisco Sacasa Belausteguigoitia y Salinas y de su esposa Sra. María Lucía Marenco López del Corral.

Juan fue electo Alcalde de Granada el 1 de enero de 1811 y el 22 de diciembre de 1811 junto con el Regidor de la ciudad Manuel Antonio de la Cerda y Aguilar, convocaron al pueblo de la ciudad de Granada y de sus vecindades a una Asamblea o "Cabildo Abierto" para informarles sobre los acontecimientos en España y discutir sobre la independencia nacional.

El Cabildo decidió por unanimidad desconocer a las autoridades de la corona Española en Granada, hizo renunciar a todos sus funcionarios y empleados españoles que fueron a forzados a irse a Masaya. Los alzados al mando de Juan Arguello y Manuel Antonio de la Cerda se organizaron militarmente y el 8 de enero de 1812 atacaron y se tomaron la fortaleza San Carlos que protegía a Granada en la salida del lago de Granada por el río San Juan.

Al enterarse de lo ocurrido, el Gobernador y Capitán General de la Capitanía General de Guatemala José de Bustamante y Guerra, calificó a los líderes de los alzados Capitán, José Telésforo Argüello, Lic. Juan Argüello Alcalde de Granada, Teniente Coronel y Jefe de las Milicias Manuel Lacayo Marenco, Teniente de Milicias don Joaquín Chamorro Fajardo, Regidor Manuel Antonio de la Cerda y Aguilar, Sub Teniente Juan de la Cerda y a cinco más, como "los diez más arrojados criminales."

Bustamante y Guerra, el 18 de mayo de 1812 recibió un detallado informe que le hizo llegar el Gobernador y Obispo de Nicaragua Fray Nicolás García Jerez y ordenó el envío de un contingente de tropas a Nicaragua al mando del Sargento Mayor Pedro Gutiérrez y del Capitán Palomares desde Honduras, a fin de sofocar la rebelión pro-independencia en Masaya, Rivas, Granada, León y Matagalpa. Las tropas entraron en las ciudades, sofocaron la rebelión y llegaron a un acuerdo de paz con los alzados, que incluía no tomar represalias contra ellos. Sin embargo este acuerdo, no fue aceptado por Bustamante quién ordenó a Gutiérrez y Palomares que capturaran a los conjurados anti-realistas e instruyó al Síndico/Fiscal Sargento Mayor Alejandro Carrascosa para que formalizara cargos y les acusara de sedición.

El 23 de julio de 1813, los conjurados, en un número de cerca de 200 fueron acusados de sedición, entre ellos se destacaban los líderes del levantamiento independista Juan Argüello y Manuel Antonio De la Cerda. Todos fueron condenados a penas de destierro y luego remitidos a prisiones en Guatemala, al Norte de África y a Cádiz en España a cumplir sus condenas.

A finales de 1816, en ocasión de celebrar su matrimonio con María Isabel de Braganza, el Rey de España, Fernando VII emitió una Ley de Amnistía General y el 25 de enero de 1817 todos los condenados fueron indultados, la mayor parte de ellos regresaron a Nicaragua salvo unos pocos que habían fallecido. [85]

El 22 de abril de 1825, luego de crearse la República Federal de Centroamérica, el Lic. Manuel Antonio de la Cerda y Aguilar fue electo Primer Jefe de Estado de Nicaragua, y el Lic. Juan Argüello del Castillo como primer Vice–Jefe del Estado de Nicaragua.
El 8 de abril de 1826 se juramentó la primera constitución política del Estado de Nicaragua cuya elaboración estuvo bajo la responsabilidad del Vice-Jefe del Estado Juan Argüello del Castillo.

Juan Argüello del Castillo presionó con sus partidarios al Jefe de Estado Manuel Antonio de la Cerda y Aguilar y le forzó a renunciar a la Jefatura del Estado el 2 de agosto de 1826. Argüello convocó a elecciones para un nuevo Jefe de Estado a los electores. Los Candidatos fueron, el Vice-Jefe Juan Argüello del Castillo y el Dr. y Coronel José Crisanto Sacasa Parodi. Juan Argüello del Castillo, hombre rico e influyente a través de su dinero y de sus relaciones familiares, logró controlar los votos de los miembros de la "Asamblea de Electores" y ganó las elecciones para Jefe de Estado de Nicaragua.

---

[85] Zelaya, Chester. Nicaragua en la independencia. Editorial EDUCA. 1971 *Ibíd.* P. 77.

Argüello en uno de sus primeros actos de gobierno nombró como Ministro General y Jefe de las Armas de Nicaragua a su primo y concuño el Sr. Narciso Arellano del Castillo. Argüello estaba casado con la Sra. Tomasa Chamorro Sacasa y Arellano estaba casado con la Sra. María Luisa Chamorro Sacasa (María Luisa y Tomasa Chamorro Sacasa, hijas del Sr. Joaquín Chamorro Fajardo y de su esposa Sra. Josefina Sacasa Marenco, hija a su vez del Capitán José Francisco Sacasa Belausteguigoitia Salinas y de su esposa Sra. María Lucía Marenco López del Corral.)

El 14 de septiembre de 1827 Juan Argüello del Castillo fue arrestado y acusado por ex-Jefe de Estado Manuel Antonio de la Cerda y Aguilar ante las autoridades federales de haberle forzado a su renuncia a Jefe de Estado y de hacer fraude en la elección a Jefe de Estado de Nicaragua. Argüello fue arrestado por el Coronel Cleto Ordóñez, Inspector General de los Ejércitos Federales quién le castigó con destierro a El Salvador. Ordóñez convocó a nuevas elecciones para Jefe de Estado y el 24 de septiembre de 1827 y el Lic. Manuel Antonio De la Cerda y Aguilar fue re-electo Jefe de Estado de Nicaragua.

El 5 de agosto de 1828, Juan Argüello se fugó de su destierro en El Salvador y regresó a Nicaragua donde desconoció el gobierno de De La Cerda y reclutó hombres para tratar de recuperar el poder que consideraba le había sido usurpado.

Manuel Antonio de la Cerda que estaba en la ciudad de Rivas, fue informado de lo acaecido pero no pudo regresar a Granada porque fue arrestado por el Jefe del destacamento militar de Rivas Francisco Argüello Aguilar, que se había pasado a las fuerzas de Juan Argüello su primo y quién lo entregó a las fuerzas de Juan comandadas por Narciso Arellano.

Juan Argüello a través de su Ministro de Gobierno Narciso Arellano acusó a Manuel Antonio De la Cerda de traidor y le sometió a juicio sumario que le condenó a morir por fusilamiento lo que Arellano hizo efectivo en Rivas el 27 de noviembre de 1828.
Cuando De la Cerdea fue arrestado por las fuerzas de Argüello, los partidarios de De La Cerda, enviaron emisarios a Honduras y a Guatemala al Presidente de Centroamérica Francisco Morazán Quesada, denunciando los desmanes de Argüello.

El Gral. Francisco Morazán Quesada, en octubre de 1928, pidió al Coronel Dionisio Herrera ex- Jefe de Estado de Honduras que viajara a Nicaragua como enviado especial del Gobierno Federal de Guatemala y pusiera el orden en Nicaragua.

Herrera llegó a Nicaragua con tropas federales y convocó a la Asamblea Nacional de Nicaragua a una sesión extraordinaria en la ciudad de Rivas. Herrera arrestó y acusó a Juan Argüello del Castillo como responsable por la ejecución sumaria del Jefe de Estado de Nicaragua Manuel Antonio de la Cerda el 27 de noviembre de 1828 y por los asesinatos cometido por hombres bajo su comando de prominentes miembros del gabinete de gobierno de De la Cerda, el 29 de enero de 1829, cuando les conducían prisioneros a la Isla La Pelona del Gran Lago de Nicaragua. Herrera también convocó a los electores a llevar a cabo nuevas elecciones para elegir a un nuevo Jefe de Estado de Nicaragua.

Dionisio Herrera
Jefe de Estado de Nicaragua
(1829-1833)

Juan Argüello del Castillo en su incesante búsqueda del poder absoluta, fue responsabilizado de: 1) La muerte el 15 de febrero de 1827, del Jefe de Estado de Nicaragua Pedro Benito Pineda, quién fue asesinado junto con su Ministro de Gobierno Miguel de la Cuadra Montenegro por hombres armados a su servicio; 2) La ejecución sumaria del 1er. Jefe de Estado de Nicaragua Manuel Antonio de la Cerda el 27 de noviembre de 1828; y 3) El asesinato de los principales funcionarios del gobierno de De la Cerda, en las vecindades de la isleta "La Pelona" en el gran lago de Nicaragua el 29 de enero de 1829, donde los ex-funcionarios quiénes estaban detenidos bajo responsabilidad del Ministro de Gobierno, primo y concuño, del Jefe del Ejército de Juan Argüello, Sr. Narciso Arellano del Castillo, eran trasladados como prisioneros. Entre los asesinados se encontraban: el Ministro de Gobierno de De la Cerda Lic. Juan Francisco de Aguilar del Villar, hijo del capitán Luis Francisco de Aguilar y de la Sra. María del Villar y quién estaba casado con la Sra. Concepción Sacasa Méndez hija del coronel José Crisanto Sacasa Parodi y de su esposa Sra. Ángela Méndez; Aguilar además había sido el Secretario Relator y fue quién con su firma legalizó, el Acta de Independencia de Nicaragua, conocida como "Acta de los Nublados," suscrita en León, el 28 de septiembre de 1821, había sido también de 1822 a 1826, rector de la Real Universidad de León.

Por presión ejercida por las familias Sacasa y Chamorro, con las cuales varios de los asesinados estaban vinculados, el Ministro de Gobierno y Jefe del Ejército, Narciso Arellano del Castillo, ordenó abrir una investigación que puso a cargo del comandante militar del lugar Sr. Cándido Flores, quién achacó la culpa de los hechos a una borrachera de los oficiales y soldados encargados del traslado de los prisioneros, a la isla La Pelona en las isletas del lago de Granada, no encontrando responsabilidad en los hechos en Argüello o en Arellano. No obstante el resultado de la investigación ordenada por Arellano, Juan Argüello y el mismo Narciso Arellano, fueron destituidos de sus cargos por el enviado especial del Gral. Francisco Morazán Presidente del Gobierno Federal de Centroamérica el ex Jefe de Estado de

Honduras, coronel Dionisio Herrera quién también ordenó, que Juan Argüello del Castillo fuera desterrado a Guatemala y Narciso Arellano del Castillo a una finca suya en Chontales, Nicaragua, lugares donde ambos pasaron el resto de sus vidas. [86]

[86]Pérez, Jerónimo. Obras Históricas Completas del Lic. Jerónimo Pérez. Managua, 1928. pp. 507-509, 540- 545.

Arellano Cabistán, Faustino. La Pelona y el Lic. Jerónimo Pérez. Granada 1876. En Revista Conservadora del Pensamiento Centroamericano, Managua, Nicaragua # 7 Febrero 1971. Suplemento o Separata La Voz Sostenida a cargo de Orlando Cuadra Downing.pp. 103-104.

Cruz Sequeira, Arturo, Memoirs of a Counter-Revolutionary. Life with the Contras, the Sandinistas and the CIA. Doubleday 1989. pp. 6-9.

Cardenal, Tellería Marco A. Nicaragua y su Historia. Con Prólogo y Notas de Sergio A. Zeledón Blandón. *Ibíd.* pp. 252-371.

Argüello Rivas, Rogers Camilo. Árbol Genealógico de las familias Argüelles, de Argüello y de Argolo de España y Portugal en América. Managua, Nicaragua 2008.

Zelaya, Chester. Nicaragua en la Independencia. Editorial EDUCA Costa Rica. 1971. pp. 65-68.

Quintana, Osmán. Apuntes de Historia de Nicaragua. Editorial FANATEX, 1984.

Gámez, José Dolores. Historia de Nicaragua, Colección Cultural Banco de América. Serie Histórica No. 3. pp. 425-426.

Díaz Lacayo, Aldo. Gobernantes de Nicaragua (1821-1956) Guía para el Estudio de sus Biografías Políticas. Con Prólogo de Eduardo Pérez Valle. Aldilá Editores. Managua Nicaragua 1996. pp. 18-24'

Caldera Cardenal, Norman. <u>El Paso Entre Los Mares: La Familia Sacasa y el Poder en Nicaragua.</u> Managua, Nicaragua 1ra. Edición 2011.

Alvarado Martínez, Enrique. <u>Doña Damiana.</u> Fondo Cultural <u>BANIC,</u> Managua, Nicaragua. 1998.

GRAL. FRANCISCO MORAZAN MONCADA
PRESIDENTE DE CENTRO AMERICA
(Oleo obra de Antonio Sarria, de León, Nicaragua)

Gral. Francisco Morazán Quesada
Presidente de las Repúblicas Unidas de Centro América
(Oleo realizado por el artista nicaragüense Antonio Sarria)
(Pintura original propiedad de Flavio Rivera Montealegre)

Esta ambiente que los dos primeros gobernantes de la Nicaragua independiente, Manuel Antonio de la Cerda y su Vice-Jefe y Jefe de Estado Juan Argüello crearon con su intolerancia y fanatismo, provocó la primera guerra civil de la historia independiente de Nicaragua.

De la Cerda y Argüello cargan con la responsabilidad histórica de haber emitido las primeras leyes de carácter represivo en Nicaragua, quiénes debieron haber pasado a la historia de Nicaragua entre los "Padres Fundadores de la Patria," no estuvieron a la altura de sus cargos puesto que pudo más en ellos el fanatismo religioso y el autoritarismo político, su cortedad de visión, sumada al nepotismo, la arrogancia y la ambición desmedida de poder llevó la división y la guerra fratricida a Nicaragua.

Por su lado, el Primer Jefe de Estado de Nicaragua Manuel Antonio de la Cerda Aguilar el 25 de Mayo de 1825 emitió las primeras leyes represivas en la historia de Nicaragua.

El decreto, reaccionario y totalitario, contenía 29 artículos con prohibiciones de todo tipo en las cuales de una manera directa se restringían los derechos y libertades fundamentales del individuo.

De la Cerda un católico y conservador ultra reaccionario, lo emitió con la idea de congraciarse con los ultras en el Gobierno Federal.

En sus partes medulares el "Decreto" establecía lo siguiente:

Que la libertad de palabra no es extensiva a la religión, castigándose a quien la ataque y conserve libros que la dañen.

Que todos los padres de familia están obligados a enseñar un oficio a sus hijos, para que sean útiles a la patria y a la sociedad.

Se prohíbe el abuso del aguardiente.

Se prohíbe el amancebamiento.

Se prohíbe toda especie de robo, la posesión de cosa saqueada aunque tenga el título de comprada.

Se prohíbe todo ataque personal con expresiones insultantes.

Se prohíben los incendios de los montes y campos,

Se prohíbe el uso de armas en poblados.

Se prohíben los bailes, paseos, música y cantos fuera de las horas permitidas.

Se perseguirá a los vagos.

Se prohíbe la cría de animales en tierras de labranzas,

Se prohíbe pedir limosna.

Queda prohibido el tránsito de personas sin pasaporte por caminos y poblados.

Se prohíben los juegos de azar y

Se prohíben las reuniones populares que tiendan a alterar el orden público.

Se establecía la pena de muerte para los violadores de las disposiciones del Bando en referencia a colaborar con los rebeldes republicanos" [87]

Manuel Antonio de la Cerda y Juan Argüello del Castillo, en lugar de encauzar a su patria por rumbos de paz, libertad, y progreso, la hundieron desde sus inicios en la desgracia material y moral pasando a la historia como sus primeros tiranos. Compartido con los Sacasa. Conservador.

---

[87] Ramírez Morales, Lic. José- Comentario a la Historia de Nicaragua. 1821-1994. Edición Propia Miami, Florida 1996- Pag.18.

**General Fruto Chamorro Pérez,
Presidente de Nicaragua 1853-1854.**

3.-Lic. y Gral. Fruto Chamorro Pérez. Último Director Supremo del Estado de Nicaragua y Primer Presidente de Nicaragua (1853-1855).

Fruto fue hijo del Alférez Real, capitán y Lic. Pedro José Chamorro Argüello y de María Pérez una indígena guatemalteca que conoció cuando era estudiante en Guatemala. Pedro José por su lado, fue hijo del Teniente Coronel Fernando Chamorro Lacayo, y de la Sra. Bárbara Nicolasa Argüello del Castillo y Ugarte de Granada; a su vez, Fernando Chamorro Lacayo fue hijo del español Sargento Mayor Diego Chamorro Sotomayor y Murga y de la Sra. Gregoria Gertrudis Lacayo de Briones y Palacios.

En 1826,su madrasta Sra. Josefa Margarita Alfaro Monterroso, a instancias de sus familiares y abogados, en vista que su esposo el licenciado y capitán Pedro José Chamorro Argüello (padre de Fruto) había fallecido, le escribió desde Granada y le pidió que viniera a vivir a la casa de la familia en Granada para ayudarla en la administración de los bienes y en la crianza de sus hermanastros y que a cambio de ese apoyo, ella le autorizaría llevar el apellido Chamorro de su padre y a participar en sus negocios. Fruto aceptó la oferta y se fue a vivir a Granada en la casa de la familia de su padre. Josefa Margarita por su lado le hizo cambiar su apellido de Pérez a Chamorro, le arregló matrimonio con su sobrina Mercedes Avilés Alfaro, le apoyó en sus propias empresas y negocios y en su carrera política, de manera que Fruto llegó a ser un exitoso comerciante, agricultor, ganadero y político conservador en Nicaragua y Centroamérica.

Fruto fue electo varias veces como Diputado a la Asamblea de Nicaragua y al Congreso Federal de Centroamérica en Guatemala, siendo uno de los firmantes del acta de separación de Nicaragua de la Federación Centroamericana en 1838.
Fruto Chamorro fue un destacado militar llegando a ser Jefe del Ejército del gobierno del Director de Estado, Lic. Norberto Ramírez Areas y fue Ministro de Gobierno del Director Supremo del Estado, Lic. Laureano Pineda Ugarte en 1851.

Fruto llegó a ser Presidente de una de las tantas fallidas intentonas de reconstruir la Federación entre Nicaragua El Salvador y Honduras en 1841

Fue Miembro de la Asamblea Constituyente que redactó la Primera Constitución Política de la Nicaragua Independiente en 1838-39.

En los años finales de la anarquía y el predominio de los "Señores de la Guerra", a Fruto le tocó entregar al amigo suyo, el general liberal Bernabé Somoza Martínez, hermano de su también amigo Anastasio Somoza Martínez, (quién murió luchando a su lado en la guerra civil,) al Gral. J. Trinidad Muñóz, quien reunió un consejo de guerra que ordenó un juicio sumario que condenó a Bernabé Somoza Martínez a morir por fusilamiento en Rivas el día 17 de julio de 1849.

En 1853 en las elecciones para Director Supremo del Estado de Nicaragua, Fruto se postuló como candidato del partido legitimista/conservador, corriendo contra el candidato del partido democrático/liberal Lic. Francisco de Castellón Sanabria, la elección fue un empate. En ese caso, la Asamblea Nacional fue la encargada de dirimir el diferendo. Fruto, a través de un arreglo con los directivos del partido democrático-liberal, se comprometió a otorgar las carteras de hacienda/finanzas y defensa/guerra a uno de los miembros principales de ese partido el Dr. Máximo Jerez Tellería, también se comprometió otorgar una misión diplomática en el exterior para el importante miembro del partido democrático/liberal de León, Lic. Francisco De Castellón, al igual que otros beneficios para el partido. De esa manera Fruto obtuvo los votos de sus opositores políticos en la Asamblea Nacional y logró ser electo Director Supremo del Estado. Sin embargo los resultados reales no llenaron las expectativas de los democráticos-liberales, al negarse los directivos del partido legitimista/conservador de Granada a aceptar y ratificar el arreglo. Fruto al ser informado de esto y sin dar mayores explicaciones, rompió el acuerdo llegado con los democráticos/liberales lo que ellos consideraron como una provocación.

Fruto Chamorro Pérez entonces disolvió la Asamblea Nacional y llamó a elecciones para una Asamblea Constituyente para cambiar la Constitución Política de Nicaragua que era de corte liberal con una de corte conservador.

Los democráticos/liberales participaron en las elecciones para la Asamblea Constituyente y sus principales líderes fueron electos como diputados, entre otros, los líderes democráticos/liberales, Lic. Francisco de Castellón Sanabria, Lic. Hermenegildo Zepeda Fernández, el Dr. Máximo Jerez Tellería y el Dr. Rosalío Cortés Sánchez, archirrivales de Fruto Chamorro. Esto causó mucho disgusto a Fruto Chamorro y trató de impedir que asumieran sus curules, pero no lo pudo lograr.[88]

En diciembre de 1853, luego de mucho conflicto con Fruto Chamorro, Francisco De Castellón, Máximo Jerez Tellería y el resto de los líderes democráticos/liberales se declararon en rebeldía y rompieron las relaciones con él.

Chamorro en aquel momento, emitió un decreto desterrando a todos ellos a Honduras, una vez en Tegucigalpa, Honduras, éstos acusaron a Chamorro de haberse convertido en un dictador y expusieron al público un pronunciamiento público, haciendo mención de un llamado "expediente secreto de la santa

---

[88]Ramírez M., José. Lic. <u>Comentarios a la Historia de Nicaragua.</u> Managua 1996. pp. 57-58.

inquisición," que llevaba Chamorro sobre ellos. Se pronunciaron también contra los nuevos decretos y reglamentos emitidos por Chamorro, que instruían a las autoridades de policía, a actuar con severidad contra los opositores, lo que ellos consideraron como amenazas intolerables dirigidas contra ellos en lo personal. [89]

El 26 de febrero de 1854, la asamblea constituyente controlada por Chamorro derogó la constitución de 1838 de corte liberal y la cambió por una constitución de corte conservadora que entre otras cosas, cambió el título del gobernante, de Director Supremo de Estado al de Presidente, eligiendo a Fruto Chamorro Pérez como el primer gobernante de Nicaragua con el título de Presidente.

Los democráticos/liberales, por su lado consiguieron el apoyo del presidente de Honduras que era liberal, y pudieron reclutar soldados, entrenarlos, comprar armas y avituallamientos y organizarse como un ejército usando la divisa/bandera roja liberal por primera vez. Una vez preparados, se embarcaron en Comayagüela, Honduras el día 2 de mayo de 1854, llegando al puerto el Realejo en Nicaragua el día 4 de mayo, desembarcaron y se pusieron en marcha en busca de las tropas legitimistas/conservadoras.

---

[89]Arellano, Jorge E. Editor. <u>El León del Istmo. Apuntes para la Biografía de Máximo Jerez.</u> Editorial Guadalupe, Bogotá 1989. pp. 10-11.

Zeledón Blandón, Sergio A. Dr. <u>Los Ancestros y Descendientes del Dr. General y Presidente de Nicaragua Máximo Jerez Tellería.</u> Miami, Florida 2006.

Después de combates y choques, el Presidente liberal Lic. Francisco de Castellón Sanabria ante la dificultad de derrotar en forma definitiva a las tropas de Fruto Chamorro que contaban con la asesoría y apoyo militar de una tropa de ex-oficiales del antiguo ejército napoleónico en el Caribe, organizados en la llamada "Falange Francesa" que prestaba sus servicios a los gobernantes de Nicaragua, De Castellón habló con un comerciante norteamericano en Nicaragua llamado Byron Cole que le informó que él viajaría pronto a los Estados Unidos y que le podría conseguir la asesoría y apoyo que requería con hombres y armas modernas en ese país. El 11 de octubre de 1854, Francisco De Castellón Sanabria firmó un contrato con Byron Cole nombrándole su representante.

Byron Cole una vez en Estados Unidos de habló con un ambicioso médico, periodista, abogado, militar y aventurero llamado William Walker quién se interesó en la empresa y Byron Cole le vendió el contrato el 12 de diciembre de 1854.

William Walker, que tenía experiencia, militar y contactos en California, de inmediato comenzó a contratar hombres con experiencia militar y agrícola (se suponía que después de la guerra se les daría tierras para que las cultivaran) y a comprar avituallamiento militar moderno para trasladar desde San Francisco, California a Nicaragua, Francisco de Castellón Sanabria denominó a estas tropas, la "Falange Americana", para confrontarlos a la "Falange Francesa" de Fruto Chamorro Pérez.

William Walker se embarcó el 4 de mayo de 1855 con 58 hombres en San Francisco, California hacia el puerto El Realejo en Nicaragua donde desembarcaron el 16 de junio y llegaron a León el 18 de junio de 1855.

Fruto Chamorro Pérez cuando fue electo para el cargo de Director Supremo del Estado en 1853 mantuvo como comandante general de su ejército y como su ministro de la guerra al general Ponciano Corral Acosta (su pariente político) que estaba casado con la Sra. Ricarda Argüello Chamorro hija del ex-Jefe de Estado de Nicaragua Lic. Juan Argüello del Castillo y de su esposa Sra. Tomasa Chamorro Sacasa, hija a su vez del Sr. Joaquín Chamorro Fajardo y la Sra. Josefina Sacasa Marenco.

Ponciano Corral había sido nombrado comandante del ejército por el Director Supremo del Estado, Lic. Laureano Pineda Ugarte casado con la Sra. Dolores Sacasa Méndez. Una vez electo en el cargo Fruto Chamorro ratificó los nombramientos de Ponciano Corral, como comandante general de su ejército y como ministro de la guerra, Ponciano Corral Acosta había nacido en Cartago, Costa Rica en la casa del Gobernador español de Costa Rica, Tomás de Acosta, quien tenía varios esclavos de origen africano a su servicio, entre ellos a José Corral y María Gregoria, personas de buenas cualidades personales apreciadas por el gobernador y su familia. El historiador Jerónimo Pérez Marenco quién conoció en persona Ponciano Corral Acosta, le describe como un hombre alto, robusto, de tez oscura, cabello rizado, cabeza pequeña y de facciones finas y bien parecido.

José Corral y María se enamoraron y solicitaron al gobernador su autorización para casarse y la carta de libertad y éste se las otorgó, María por su lado le pidió que le diera su consentimiento para poder usar el apellido Acosta, lo que le fue concedido por el gobernador.

Del matrimonio de José Corral y Gregoria Acosta el 19 de noviembre de 1805, nació Ponciano Corral Acosta, ellos también tuvieron una hija a la que bautizaron como Gertrudis Corral Acosta.

Ponciano Corral Acosta recibió su educación en Cartago Costa Rica y en 1825 emigró con su hermana a Granada, Nicaragua, donde ambos se distinguieron por su inteligencia, educación y capacidad de trabajo. Ponciano con el tiempo llegó a ocupar las posiciones de escribano (Notario) público, regidor, jefe de milicias, alcalde y comerciante, actividades en las que hizo fortuna.

Ponciano contrajo matrimonio en Granada con la Sra. Ricarda Argüello Chamorro, hija del ex-alcalde, ex-vice-jefe y ex-jefe de estado de Nicaragua Lic. Juan Argüello del Castillo y de su esposa Sra. Tomasa Chamorro Sacasa. (Juan Argüello del Castillo fue hijo del capitán Narciso de Argüello Monsiváis y de su esposa Sra. Joaquina del Castillo Guzmán. La Sra. Tomasa Chamorro Sacasa fue hija del Sr. Joaquín Chamorro Fajardo y de su esposa Sra. Josefina Sacasa Marenco), del matrimonio de Ponciano y Ricarda, nacieron dos hijas Carmen y Sofía Corral Argüello. Gertrudis Corral Acosta hermana de Ponciano posteriormente contrajo matrimonio en Granada con el Lic. Pío José Castellón Baca de ellos desciende la familia Castellón Corral de Nicaragua.

El 23 de octubre de 1854 el general Ponciano Corral Acosta en representación del gobierno legitimista/conservador firmó con William Walker y los democráticos/liberales en Granada, un acuerdo que suspendía las hostilidades entre ellos, nombrando al Sr. Patricio Rivas, como Presidente Provisional de Nicaragua y a William Walker como jefe del ejército. Decretaron también una amnistía general, garantizando las vidas y las propiedades de todas las personas. Disolvieron los dos gobiernos y sus respectivos ejércitos existentes y la sede del gobierno la trasladaron a la ciudad de Granada. Abolieron las banderas partidistas y crearon una sola bandera nacional que fue un listón azul con el nombre de Nicaragua Independiente.

Ponciano Corral fue nombrado ministro de la guerra y muy pronto entró en dificultades con William Walker, quién le acusó de traición, por enviar e intercambiar correspondencia (que le fue capturada a los correos personales de Corral) a viejos aliados suyos en Nicaragua y en el extranjero, donde expresaba su preocupación por las actividades e intenciones de Walker en Granada. William Walker le hizo enjuiciar por un Consejo de Guerra un tribunal configurado por 3 de sus soldados, quiénes de acuerdo con Walker le condenaron a morir fusilado el 7 de noviembre de 1855.[90]

---

[90]Salvatierra, Sofonías. Compendio de Historia de Centroamérica. Tomo I, Tipografía Progreso. Managua Nicaragua 1943. P. 278.
Ramírez M, José. José de Marcoleta Padre de la Diplomacia Nicaragüense. Imprenta Nacional 1977. Tomo II. P. 66.
Bolaños Gayer, Alejandro. El Testimonio de Scott. Banco de América Managua Nicaragua 1975. P. 240.
Obregón Loria, Rafael. Costa Rica y la Guerra en contra de los Filibusteros. Ministerio de Cultura 1956. pp. 295-297.
Pérez, Jerónimo. Memorias para la Historia de la Revolución de Nicaragua y de la Guerra Nacional Contra Los Filibusteros 1854-1857. Masaya, Nicaragua. Imprenta del Orden 1883 pp. 33-36.
Cardenal, Tellería Marco A. Nicaragua y su Historia. Con Prólogo y Notas de Sergio A. Zeledón Blandón. Editorial Printex SA. Managua, Nicaragua año 2000. pp. 252-371.Ibíd.
Gutiérrez, Pedro R. Calendario Básico de la Guerra Nacional. Multiprint San José, Costa Rica 1981.

El mismo día que se supo en Granada el "veredicto del tribunal" de Walker contra Corral, miembros de las familias más importantes de Granada escribieron una carta a William Walker, abogando por la vida de Ponciano Corral Acosta.

La carta en su parte más importante expresó:
"Los infrascritos habitantes de esta ciudad, con el respeto debido nos tomamos la libertad de dirigir la presente al Sr. General en Jefe del Ejército de la República de Nicaragua Don Guillermo Walker, para solicitar y suplicar alguna indulgencia para con el Sr. General Don Ponciano Corral. Si este favor fuere concedido comprometería del Sr. General Walker la gratitud de sus atentos servidores. La carta la firman de su puño y letra, cerca de cien personas entre las que se pueden leer claramente los siguientes nombres: Domingo Ferrari, Martín Benard, Jacinto Carderioli, Víctor Mestayer, Pedro Raimbaud, Louis Castigliory, Pablo Solórzano, Leopoldo Wasmer, Juan de Tejada, Tomasa Chamorro, Justa Selva, María de Jesús Martínez, Bárbara Zavala, Narcisa Chamorro, Sebastián Marenco, Luisa Chamorro, Fernanda Selva de Guzmán, Carmen Corral, Ignacia Argüello, Juana Manuela Noguera, Fausto Chamorro, Francisco Calonje, Lila de Chamorro, Mercedes Chamorro, Manuela de la Cuadra, Mercedes Pastora, Virginia Pazos, Francisco Cuadra, Dolores Mondragón, Bersabé Núñez de la Selva, Dolores Zavala, Mercedes Barrios, Francisco Argüello, Casimira Delgado, Bárbara Argüello, Narcisa Argüello, Apolonia Delgado, Ramona Rivas, Benjamín Barillas, Pánfilo Lacayo Agüero, Hilario Selva, Domingo Bolaños, Carlota Chamorro, Sinforoso Alfaro, Juana Barberena, Indalecia Cuadra,

Pedro Lugo, Jacinta Calonge, Miguel de la Cuadra, Francisco Martínez, María Jesús y María Asunción Martínez, entre otros nombres.[91]

William Walker fue un sureño norteamericano partidario de la esclavitud de la raza negra, esclavitud que más tarde decretó en Nicaragua y en su intolerancia vio en Corral a un fuerte rival, pero inferior a él por su origen étnico, al ser hijo de ex-esclavos africanos, le temió por su capacidad, popularidad y por su liderazgo en el ejército y en todos los estratos sociales y por sobre todo, por ser un posible sucesor en el liderazgo legitimista/conservador, del recién fallecido general Fruto Chamorro Pérez, por sus relaciones por matrimonio y negocios con las familias Chamorro, Sacasa y Argüello, entre las más prominentes de Granada. Por esas y otras razones, Walker no quiso escuchar la petición de la ciudadanía granadina y ordenó que Corral fuera fusilado al día siguiente 8 de noviembre de 1855 en la plaza principal de Granada, para ejemplo y escarnio de todos los granadinos.

Fruto Chamorro Pérez fue el más destacado entre los fundadores del partido legitimista/ conservador de Nicaragua y fue su primer gran caudillo /hombre fuerte. Fruto también está considerado como co-responsable de la llamada guerra civil legitimista/ conservadora contra

---

[91]The Hubert Howard Bancroft Library. University of California Berkeley. Folders Z-L 201 y Z 20 La carta original dirigida y firmada por los ciudadanos de Granada a W. Walker se encuentra entre los documentos del general Bruno Von Eastman, en esa biblioteca. El autor de este libro la revisó y tomó notas de la misma.

los democráticos/ liberales 1854-1856, que desembocó en la devastadora guerra nacional contra William Walker 1856-1860. Fruto Chamorro Pérez murió durante la guerra civil, el día 12 de marzo de 1855 en su hacienda "Quiscaya," a causa de una grave enfermedad intestinal.[92] Legitimista / Conservador.

---

[92]Chamorro Zelaya Pedro. <u>Fruto Chamorro</u> Editorial Unión. Managua Nicaragua 1960. P.15.
Cuadra Pasos, Carlos Dr. <u>Breve Comentario a una Intensa Vida. En Chamorro Zelaya Pedro J. Don Sofonías Salvatierra y su Comentario Polémico. Ampliación a Máximo Jerez y sus Contemporáneos.</u>Managua, Nicaragua 1950. pp. 247-267.
Cardenal, Tellería Marco A. Nicaragua y su Historia. <u>Con Prólogo y Notas de Sergio A. Zeledón Blandón.</u> Editorial Printex SA. Managua, Nicaragua año 2000.*Ibíd.* pp. 272-371.

Gral. Fernando Chamorro Alfaro, Vicepresidente y Presidente de Nicaragua (1856 y 1865)

4.-General, Vice Presidente y Presidente of Nicaragua (1856 y 1865) Fernando Chamorro Alfaro.

Fue hijo del capitán y Lic. Pedro José Chamorro Argüello y de la Sra. Josefa Margarita Alfaro Monterroso. Pedro José Chamorro Argüello por su lado, fue hijo del Teniente Coronel Fernando Chamorro Lacayo, y de la Sra. Bárbara Nicolasa Argüello del Castillo y Ugarte de Granada. A su vez, Fernando Chamorro Lacayo fue hijo del Sargento Mayor Diego Chamorro Sotomayor y Murga y de la Sra. Gregoria Gertrudis Lacayo de Briones y Palacios. Contrajo matrimonio con la Sra. Ana Argüello Imeri, y fue un destacado militar durante la guerra nacional de Nicaragua 1856-1860.

Murió asesinado el 21 de julio de 1863 cuando con José Dolores Estrada y Máximo Jerez Tellería se alzaron en armas contra las pretensiones re-releccionistas del Gral. Tomás Martínez Guerrero. [93] Conservador.

---

[93] Aparicio y Aparicio, Edgard Juan. Genealogía de la Familia Chamorro. Revista Conservadora. *Ibíd.*
Cardenal, Tellería Marco A. Nicaragua y su Historia. Con Prólogo y Notas de Sergio A. Zeledón Blandón. Editorial Printex SA. Managua, Nicaragua año 2000. *Ibíd.* pp. 272-371.

**Pedro Joaquín Chamorro Alfaro,
Presidente de Nicaragua (1875-1879)**

5.-General, Presidente de Nicaragua (1875-1879) Pedro Joaquín Chamorro Alfaro.

Fue hijo del capitán y Lic. Pedro José Chamorro Argüello y de la Sra. Josefa Margarita Alfaro Monterroso. Pedro José por su lado, fue hijo del Teniente Coronel Fernando Chamorro Lacayo, y de la Sra. Bárbara Nicolasa Argüello del Castillo y Ugarte, de Granada. A su vez, Fernando Chamorro Lacayo fue hijo del Sargento Mayor Diego Chamorro Sotomayor y Murga y de la Sra. Gregoria Gertrudis Lacayo de Briones y Palacios. Pedro Joaquín fue un destacado militar durante la guerra nacional de Nicaragua 1856-1860. Contrajo matrimonio con la Sra. Luz Bolaños Bendaña y procrearon 6 hijos: Fruto, Pedro José, Pedro Joaquín, Diego, Filadelfo y Carmela.

Uno de sus hijos el Sr. Filadelfo Chamorro Bolaños contrajo matrimonio con la Sra. Berta Benard Vivas, y tuvieron cuatro hijos, Adela, Cristina, Emilio y Julio Chamorro Benard

Adela Chamorro Bolaños contrajo matrimonio con el Sr. Carlos Alfredo Pellas Vivas, quién fue hijo de un inmigrante italiano nacido en Génova llamado Francisco Alfredo Pellas Canessa, un comerciante e inversionista naviero y de la Sra. Rosa Vivas Benard.

Carlos Alfredo Pellas Vivas fue dueño y fundador del ingenio San Antonio, el más importante de Nicaragua y de la licorería del mismo nombre, fabricante del afamado ron "Flor de Caña," es también financista, concesionario y distribuidor automovilista y el empresario turístico más importante de Nicaragua. [94] Conservador.

---

[94]Aparicio y Aparicio, Edgard Juan. <u>Genealogía de la Familia Chamorro. Revista Conservadora.</u> *Ibíd.*

**Francisco Alfredo Pellas Canessa
Fundador de Ingenio San Antonio, origen del
Grupo Pellas, dirigido actualmente por su descendiente
Carlos Alfredo Pellas Chamorro.
(Foto tomada de Wikipedia)**

Cardenal, Tellería Marco A. Nicaragua y su Historia. Con Prólogo y Notas de Sergio A. Zeledón Blandón. Editorial Printex SA. Managua, Nicaragua año 2000. *Ibíd.* Pp. 272-371.

General Emiliano Chamorro
Presidente de Nicaragua (1917-1921)

6.-General, Emiliano Chamorro Vargas. Presidente de Nicaragua (1917-1921)

Fue hijo del Sr. Salvador Chamorro un acaudalado comerciante y agricultor de Granada y de la Sra. Gregoria Vargas Báez de Granada. Salvador Chamorro fue a su vez, hijo del Sr. Dionisio Chamorro Alfaro y de una señora de Granada. Dionisio Chamorro Alfaro a su vez fue hijo del Capitán y Licenciado Pedro José Chamorro Argüello y de la Sra. Josefa Margarita Alfaro Monterroso. Pedro José por su lado, fue hijo del Teniente Coronel Fernando Chamorro Lacayo, y de la Sra. Bárbara Nicolasa Argüello del Castillo y Ugarte de Granada. A su vez, Fernando Chamorro Lacayo fue hijo

del español Sargento Mayor Diego Chamorro Sotomayor y de la Sra. Gregoria Gertrudis Lacayo de Briones.

Emiliano Chamorro Vargas, está considerado como el último caudillo/hombre fuerte y el más prominente líder conservador en lo político y militar en la primera mitad del siglo XX, en Nicaragua. Se le considera además como uno de los últimos de los "Señores de la Guerra" en Nicaragua. Fue tal su afán por conseguir el poder, que organizó 20 golpes de estado y revoluciones contra los gobiernos liberales de Nicaragua de 1893 a 1940.

Emiliano Chamorro Vargas, fue además el negociador y firmante de los tratados, Chamorro-Weitzel, (que incluía la llamada "Enmienda Platt," usada ya anteriormente en Cuba, que permitía a los Estados Unidos de América intervenir a voluntad en los asuntos internos de Nicaragua, con sus fuerzas armadas,) este tratado fue negociado y firmado bajo la ocupación militar de Nicaragua por las fuerzas armadas de los Estados Unidos de América, con el representante diplomático norteamericano en Managua Sr. George T. Weitzel el 8 de febrero de 1913, sin embargo, por lo oneroso de sus cláusulas no fue aprobado por el Congreso de los Estados Unidos; y el Tratado Chamorro-Bryan, negociado y firmado por E. Chamorro con el representante diplomático norteamericano William J. Bryan el 5 de agosto de 1914.

Vale la pena señalar aquí, que cuando en 1917 se empezaron a efectuar los pagos de los fondos acordados a cambio del tratado, el 13% se usó para pagos de deudas y reclamos de guerra ante de la Comisión de Crédito Público, entre los que se destacaron las deudas y reclamos del Sr. Salvador Chamorro padre del general Emiliano Chamorro Vargas y su familia; un 20% para pagos de sueldos y salarios atrasados a funcionarios y para pagos sobre otros reclamos pendientes. El restante 66% se usó para cancelar intereses atrasados de la deuda pública externa de Nicaragua, abonos al principal, pago de gastos y retribuciones a los bancos, y pagos de comisiones por servicios especiales a extranjeros y nacionales que actuaron como agentes de los Gobiernos en esos años.[95]

El 25 de octubre de 1925 el gobierno del Presidente Dr. Carlos José Solórzano Gutiérrez y de su vice-presidente Dr. Juan Bautista Sacasa Sacasa, fueron víctimas de un golpe militar, (conocido como "El Lomazo," por el ataque a la sede del gobierno nacional en la "Loma de Tiscapa.") por las fuerzas militares irregulares del "Señor

---

[95]Miller H. Gordon. The Isthmian Highway.A Review of the Problems of the Caribbean. The MacMillan Co., New York, 1929. pp. 315-318.

de la Guerra" conservador, general Emiliano Chamorro Vargas.

Los alzados capturaron el palacio del gobierno y al Presidente Dr. Carlos José Solórzano Gutiérrez, a quién forzaron a renunciar y a salir al exilio a Costa Rica en enero de 1926. Carlos Solórzano falleció en San José de Costa Rica el 30 de Agosto de 1936. [96]

El golpista General Emiliano Chamorro Vargas, que ya controlaba el congreso nacional, les solicitó que destituyeran legítimo Presidente Dr. Carlos José Solórzano Gutiérrez y a su vice-presidente Dr. Juan Bautista Sacasa Sacasa.

Ellos de acuerdo con Chamorro fueron destituidos por el Congreso Nacional ya controlado por Chamorro, Solórzano murió en Costa Rica hacia donde viajó. Sacasa logró escapar y buscó amparo en México hacia donde viajó, ahí se reunió con exiliados nicaragüenses con quienes decidió organizar y financiar una revolución armada para derrocar al gobierno golpista y para ello solicitaron apoyo al gobierno de México y Guatemala y en junio viajó a los Estados Unidos llegando a Washington el 10 de junio en busca apoyo a su causa.

Emiliano Chamorro, por su lado, declaró ilegítimo al gobierno Solórzano-Sacasa y se hizo elegir por el Congreso bajo su control, como presidente de Nicaragua y el 17 de enero se reunió con el encargado de negocios

---

[96]Carter, Calvin B. Coronel U.S. Marines.El Feudo de Kentucky en Nicaragua. ¿Por qué la Guerra Civil en Nicaragua se ha Transformado en un Deporte Nacional? En revista "The WorldsWork." Junio 1927.

de USA en Managua y le entregó una nota solicitando a su gobierno el reconocimiento a su gobierno golpista.

El 22 de enero de 1926 el Secretario de Estado de EUA comunicó al representante de Chamorro en Washington, que EUA no reconocería a los golpistas como gobierno, ni siquiera aceptarían que Chamorro se quedara como jefe del ejército o miembro del congreso de Nicaragua.[97]

Finalmente fue informado que para EUA la solución a la crisis sería, que se pusiera de presidente interino al ex-presidente y hombre de confianza de ellos, Sr. Adolfo Díaz Recinos para terminar el período de Solórzano y Sacasa y llamar a elecciones según la ley de Nicaragua.

Chamorro aceptó las decisiones del gobierno de EUA y el Congreso Nacional de Nicaragua en una sesión de emergencia el día 11 de noviembre de 1926, hizo efectiva la orden de Washington aprobando como presidente a Adolfo Díaz Recinos, quien tomó posesión de la presidencia de Nicaragua el día 14 de noviembre de 1926.

Una de las primeras decisiones de Díaz fue destituir al general Emiliano Chamorro Vargas como jefe del ejército y del congreso, Chamorro se negó a aceptar su destitución y se declaró en rebeldía, pero posteriormente fue convencido y presentó su renuncia ante Díaz, quién le nombró "inspector viajante de embajadas, con rango de embajador" [98]

---

[97] Cole Chamorro, Alejandro. 145 Años de Historia de Nicaragua. Editora Nicaragüense. Managua. 1967. pp 97-99.

[98] Millet, Richard. Guardianes de la Dinastía. Editorial EDUCA. San José, Costa Rica, pp. 70-71.

El 2 de febrero de 1948, el general Anastasio Somoza García, nombró a su cuñado el Dr. Luis Manuel Debayle Sacasa como delegado del partido liberal para iniciar negociaciones con el partido conservador que nombró como su representante al Dr. Carlos Cuadra Pasos, delegado personal del líder conservador General. Emiliano Chamorro Vargas. Ellos se reunieron el 26 de febrero y acordaron las bases para un acuerdo conocido en la historia como, el "pacto de conciliación nacional liberal-conservador," entre otras cosas, ambos partidos reconocieron al Dr. Víctor Manuel Román y Reyes y al Dr. Mariano Argüello Vargas como Presidente y Vice-presidente de Nicaragua a cambio de ello, los conservadores obtuvieron importantes concesiones político-económico de parte de Somoza.

Los representantes continuaron las negociaciones y el 3 de abril de 1950 llegaron al "acuerdo político Conservador-Liberal," conocido en la historia, como "Pacto de los Generales," el pacto lo firmaron el general Emiliano Chamorro Vargas, líder del partico conservador y el general Anastasio Somoza García por el partido liberal.

Somoza y Chamorro negociaron tópicos de interés mutuo personal, político partidario y económico basados en lo acordado entre el Dr. Luis Manuel Debayle Sacasa y el Dr. Carlos Cuadra Pasos el 26 de febrero de 1948 y finalmente acordaron lo siguiente:

1. -Amnistía para todos los opositores al gobierno; 2.- Elecciones para elegir un nuevo Presidente de la República y elegir una nueva Asamblea Nacional Constituyente en el corto plazo; 3.- Ampliación de la Representación del partido conservador en la asamblea

nacional a 17 escaños y nombramiento de conservadores a puestos públicos y embajadas en el extranjero, se les dieron un 30% de las posiciones en el gobierno; 4.- Aumento del número de Magistrados en las Cortes de Apelaciones y en la Corte Suprema de Justicia y nombramiento de conservadores como Magistrados; 5. - Apoliticidad del Ejército; 6. -Incorporación a la Cámara del Senado con carácter vitalicio a los ex-Presidentes de la República, un beneficio personal para el general Chamorro; 7. -Prohibición a la reelección presidencial y para que los parientes políticos sucedan al presidente de turno; 8. -Reconocimiento del voto femenino, un beneficio para Somoza y los liberales.

Anastasio Somoza García a quién en ese momento, era ya moralmente y políticamente imposible, sostener su régimen dictatorial ante las protestas y el clamor nacional, manipuló las "debilidades políticas y económicas de los conservadores" para apuntalar su régimen dictatorial y Emiliano Chamorro Vargas a sabiendas de la astucia y oportunismo de Somoza y del rumbo autoritario y dictatorial que ya llevaba su gobierno, hizo uso de la oportunidad que tenía de volver a usufructuar de los beneficios del poder y le ayudó a resolver su crisis.

De conformidad con lo pactado, el 20 de mayo de 1950, se llevaron a cabo elecciones presidenciales en Nicaragua, los candidatos fueron el General Anastasio Somoza García por los liberales y el Sr. Emilio Chamorro Benard, por los conservadores. Somoza salió victorioso asegurándose su tercer período presidencial que ya con las reformas constitucionales fue por seis (6) años de 1950 a 1956.

La historia de Nicaragua atribuye, entre otras deplorables acciones, al líder y "caudillo conservador" general Emiliano Chamorro Vargas:

1.) Haber ordenado el 27 de septiembre de 1912 a través de una carta firmada por él y enviada a su jefe militar en Granada y Masaya Coronel Camilo Barberena, la captura y ejecución sumaria del presidente del gobierno liberal-conservador en rebelión, Dr y General Benjamín F. Zeledón Rodríguez y de sus principales jefes militares;[99]

---

[99]Navarro Moreira, Wilfredo. Zeledón: Vida y Legado. Talleres de Documentación Parlamentaria de la Asamblea Nacional de Nicaragua. Managua, octubre de 2012 pp. 291-292. La carta dice textualmente lo siguiente: Jefatura General del Ejército. Managua 27 de septiembre de 1912. Sr. Cnel. Don. Camilo Barberena. Su Campamento. Para eximirles de toda responsabilidad a Ud., y demás subalternos, este mando ha dispuesto hacer extensivo sus órdenes a todos los campamentos por medio de sus respectivos jefes, a fin de que tomen las más estrictas precauciones para capturar al Gral. Zeledón y demás jefes que le acompañan haciéndoles pasar por las armas inmediatamente a excepción de los que Ud. crea conveniente. Respecto a la conducta de Ud. y su tropa, ya he dado a Ud. mis órdenes privadas y que son las mismas impartidas a todos los jefes. Firma. E. Chamorro.

Munro, Dana G. Intervention and Dollar Diplomacy in the Caribbean, 1900-1921.Princeton University Press. Princeton N.J. 1962. Page. 24.

McClellan, Edwin. Lieutenant. US Marines.US Marines in Nicaragua. Marine Corps Gazette/ Vol. 1, # 1. March 1921. Pp. 51-52

Argüello R., Rosendo, Lejarza, Salvador, Martínez, Carlos I. Public

Carta del Gral. Emiliano Chamorro Vargas, de Septiembre 27, 1912 al Coronel Camilo Barberena, ordenándole capturar y ejecutar al Gral. Benjamín Zeledón y a los otros líderes liberales.

Appeal of Nicaragua to the Congress and the People of the United States, through Mr. Michael J. Clancy. Norwegian Vice-Consul in Bluefields Nicaragua. New Orleans Louisiana. June 1914. Pp. 131-138.

Carta obtenida en la siguiente Fuente: McClellan, Edwin. Lieutenant. US Marines.<u>US Marines in Nicaragua. Marine Corps Gazette/ Vol. 1, # 1. March 1921. Pp. 51-52.</u> /Argüello R., Rosendo, Lejarza, Salvador, Martínez, Carlos I. <u>Public Appeal of Nicaragua to the Congress and the People of the United States, through Mr. Michael J. Clancy. Norwegian Vice-Consul in Bluefields Nicaragua.</u> New Orleans Louisiana. June 1914. Pp. 131-138.

2.) Haber cedido a perpetuidad a los Estados Unidos de América los derechos sobre la ruta de navegación interoceánica por el río San Juan, los grandes lagos y el istmo de Rivas, a cambio de apoyo político y militar y 3 millones de dólares (3,000.000.00), a través de la firma de los tratados llamados Chamorro-Bryan, firmados el 5 de agosto de 1914 por el General Emiliano Chamorro con el representante diplomático norteamericano Sr. William J. Bryan; 3.) Haber dado un "Golpe de Estado" el 25 de octubre de 1925 al gobierno legítimamente electo del Presidente Dr. Carlos José Solórzano Gutiérrez y de su vice-presidente Dr. Juan Bautista Sacasa Sacasa; y 4.) haber negociado y firmado con el general Anastasio Somoza García, el 3 de abril de 1950, el llamado "Pacto de los Generales," que rescató a Somoza de su crísis político-moral, éste con el apoyo de los ultraconservadores chamorristas, se sintió en libertad de imponer su gobierno de corte autoritario y dictatorial en Nicaragua, dedicándose a demoler a sus rivales en el ejército y en el partido liberal.

**Doctor y General
Benjamín Francisco Zeledón Rodríguez**
**Presidente del Partido Liberal, Jefe Supremo del Gobierno de
Nicaragua en Rebelión, asumió la Presidencia de Nicaragua
que Luis Mena ejercía con él por mandato de la Asamblea
Nacional y del Ejército Nacional, cuando Luis Mena fue
capturado por los U.S. Marines en Granada y enviado
prisionero a Panamá.**

El Gral. Anastasio Somoza García con el pacto cooptó al partido conservador y destruyó lo que quedaba de la credibilidad personal, política y moral de su líder y caudillo el general Emiliano Chamorro Vargas quien de esa manera transformó al partido conservador en un "partido zancudo o chupa sangre," a como se le calificó, el que desde entonces no ha vuelto a gobernar Nicaragua.[100] Conservador.

---

[100]Aparicio y Aparicio, Edgard Juan. Genealogía de la Familia Chamorro. Revista Conservadora. *Ibíd.*
Cardenal, Tellería Marco A. Nicaragua y su Historia. Con Prólogo y Notas de Sergio A. Zeledón Blandón. Editorial Printex SA. Managua, Nicaragua año 2000.*Ibíd.* pp. 272-371.

Dr. Diego Manuel Chamorro Bolaños
Presidente de Nicaragua 1921-1923

7.-Dr. Diego Manuel Chamorro Bolaños. Presidente de Nicaragua (1921-1923.)

Fue hijo del Presidente de Nicaragua General Pedro Joaquín Chamorro Alfaro y de la Sra. María de la Luz Bolaños Bendaña. Pedro Joaquín a su vez fue hijo del Capitán y Lic. Pedro José Chamorro Argüello y de la Sra. Josefa Margarita Alfaro Monterroso, por su lado, Pedro José Chamorro Argüello, fue hijo del Teniente Coronel Fernando Chamorro Lacayo, y de la Sra. Bárbara Nicolasa Argüello del Castillo y Ugarte de Granada. A su vez, Fernando Chamorro Lacayo fue hijo del Sargento Mayor Diego Chamorro Sotomayor y Murga y de la Sra. Gregoria Gertrudis Lacayo de Briones y Palacios.

La administración del Dr. Chamorro fue duramente criticada por nepotismo. Se hicieron públicos en su tiempo datos sacados de las nóminas del gobierno, que indicaban que ocupando altas posiciones en su administración se encontraban familiares cercanos suyos a saber: un hermano suyo que erael representante diplomático y cónsul de Nicaragua en Londres, Inglaterra;otrohermano suyo que era el comandante dela policía de Managua; un primo suyo que era el ministro de gobernación/interior; otro primo suyo que era el comandante militar dela zonanorte de Nicaragua; uno de sus sobrinosque era el administrador general de las aduanas de Nicaragua;otro de sus sobrinosque era el representante diplomático (Embajador) de Nicaragua en el Salvador;otro de sus primos que era el presidente del Congreso Nacional;otro de sus primos que era uno de los asesores financieros del ministerio de hacienda y crédito público; otro de sus primos que era el comandante militar y jefe de las aduanas del puerto de Corinto; otro de sus sobrinos que era diputado ante el congreso nacional; otro de sus sobrinos que era el representante diplomático, (Embajador) de Nicaragua en los Estados Unidos de América; uno de sus hijos que era un alto funcionario diplomático en la Embajada de Nicaragua en Washington DC.; varios de sus yernos que ocupaban altas posiciones en su gobierno, uno de ellos que era el asesor financiero principal del Ministerio de Hacienda y Crédito Público; otro de ellos que era el secretario personal del presidente de la república; otro de ellos que era el cirujano general de la república; otro que era el cónsul general de Nicaragua en San Francisco, California; otro que era también asesor del ministerio de hacienda y crédito público, entre otros. Conservador. [101]

---

[101]Aparicio y Aparicio, Edgard Juan. Genealogía de la Familia Chamorro. Revista Conservadora. *Ibíd.*
Barahona, Amaru. Estudio sobre la Historia de Nicaragua. Del Auge Cafetalero al Triunfo de la Revolución. Tipografía Copanic. Managua, Nicaragua. 1989. P. 51.

8.-Dr. Rosendo Chamorro Oreamuno. Presidente de Nicaragua 1923.

Asumió la Presidencia de Nicaragua a la muerte de su titular Dr. Diego Manuel Chamorro Bolaños el 12 de octubre de 1923. Era Presidente del Congreso Nacional y fue elevado interinamente al cargo de Presidente de Nicaragua hasta la toma de posesión del Vice-Presidente Bartolomé Martínez González.

Fue hijo del Sr. Dionisio Chamorro Alfaro y de la Sra. Mercedes Oreamuno Abáunza. Dionisio por su lado, fue hijo del Capitán y Lic. Pedro José Chamorro Argüello y de su esposa Josefa Margarita Alfaro Monterroso. Pedro José por su lado, fue hijo del Teniente Coronel Fernando Chamorro Lacayo, y de la Sra. Bárbara Nicolasa Argüello del Castillo y Ugarte. A su vez, Fernando Chamorro Lacayo fue hijo del Sargento Mayor Diego Chamorro Sotomayor y Murga y de la Sra. Gregoria Gertrudis Lacayo de Briones y Palacios.

Contrajo matrimonio con la Sra. Emilia Solórzano Gutiérrez, hermana del Presidente Sr. Carlos Solórzano Gutiérrez, hija a su vez del Sr. Federico Solórzano Reyes y la Sra. Rosa Gutiérrez Rivas.[102] Conservador.

---

[102]Aparicio y Aparicio, Edgard Juan. Genealogía de la Familia Chamorro. Revista Conservadora. *Ibíd.*

9.- Dr. Fernando Agüero Rocha. Miembro Junta de Gobierno de Nicaragua (1972-1973).

Nació en Managua el 20 de junio de 1920 y falleció el 27 de septiembre del 2011. Fue hijo el Doctor (médico) José Jesús Agüero, nacido en Puebla, México y de la Sra. Salvadora Rocha Macías, nicaragüense.

Contrajo matrimonio con la Sra. Margarita César Chamorro, hija del Sr. José César Chamorro y de la Sra. Amanda Chamorro Pasos. José a su vez fue hijo del Sr. Octaviano César Abaúnza y de la Sra. Margarita Chamorro Oreamuno, siendo Margarita hija a su vez del Sr. Dionisio Chamorro Alfaro y de la Sra. Mercedes Oreamuno Abaúnza, Dionisio a su vez fue hijo del Capitán y Lic. Pedro José Chamorro Argüello; Pedro José por su lado, fue hijo del Teniente Coronel Fernando Chamorro Lacayo, y de la Sra. Bárbara Nicolasa Argüello del Castillo y Ugarte. A su vez, Fernando Chamorro Lacayo fue hijo del Sargento Mayor Diego Chamorro Sotomayor y Murga y de la Sra. Gregoria Gertrudis Lacayo de Briones y Palacios. La Sra. Amanda Chamorro Pasos por su lado, fue hija del Sr. Alberto Chamorro Quezada y de la Sra. Emilia Pasos Bermúdez. El Sr. Alberto Chamorro Quesada; Alberto a su vez, fue hijo del General Presidente de Nicaragua Fernando Chamorro Alfaro y de una dama de Granada; Fernando a su vez fue hijo del Capitán y Lic. Pedro José Chamorro Argüello y de su esposa Sra. Josefa Margarita Alfaro Monterroso. Pedro José por su lado, fue hijo del Teniente Coronel Fernando Chamorro Lacayo, y de la Sra. Bárbara Nicolasa Argüello del Castillo y Ugarte. A su vez, Fernando Chamorro Lacayo fue hijo del Sargento Mayor Diego Chamorro Sotomayor y Murga y de la Sra. Gregoria Gertrudis Lacayo

Fernando Agüero Rocha desde joven se destacó por su inteligencia y carisma, sus facultades de oratoria y sus habilidades políticas. Fue miembro del partido conservador de Nicaragua llegando a ocupar altos cargos en el mismo incluyendo la presidencia de la directiva nacional del partido.

En el mes de mayo de 1967 el Dr. Cornelio Hüeck Secretario de la Junta Directiva del Partido Liberal Nacionalista, delegado del Presidente del Partido Liberal Anastasio Somoza Debayle y el Sr. Arnoldo Lacayo Maison Secretario Político del Partido Conservador de Nicaragua, delegado del Dr. Fernando Agüero Rocha Presidente de dicho partido, se reunieron para sentar las bases para establecer las negociaciones para una Convención Política, Liberal-Conservadora. El 27 de noviembre de 1970 Somoza y Agüero anunciaron que se habían reunido varias veces y que habían acordado emitir una declaración conjunta que entre otras cosas establecía: Que estaban sentando las bases para una nueva Constitución Política, para lo cual se eligió una Asamblea Nacional Constituyente en febrero de 1972, la que se instaló el 15 de abril del mismo año; que la Asamblea estaba nombrando una Junta de Gobierno cuyo término sería de dos años y medio, que completaría el término del Presidente Somoza Debayle iniciado en el mes de febrero de 1967, reteniendo Somoza Debayle la jefatura general del ejército.

La junta estuvo integrada por tres miembros, dos liberales el general (retirado) Roberto Martínez Lacayo y el Dr. Alfonso Lovo Cordero, y un conservador el Dr. Fernando Agüero Rocha; que establecerían legalmente el paralelismo histórico político libero-conservador y de manera general reafirmaron los acuerdos del pacto de los generales de 1946 y de 1950 firmados entre el Gral. Anastasio Somoza García y el Gral. Emiliano Chamorro Vargas. El Dr. Fernando Agüero Rocha renunció a la junta en febrero de 1973 y le sustituyó el 1ro de marzo de 1973 el Dr. Edmundo Paguaga Irías.[103] Conservador.

---

[103] Caldera Cardenal, Norman. <u>El Paso Entre Los Mares: La Familia Sacasa y el Poder en Nicaragua.</u> Managua, Nicaragua 1ra. Edición 2011. *Ibíd.*

Cardenal, Tellería Marco A. <u>Nicaragua y su Historia. Con Prólogo y Notas de Sergio A. Zeledón</u> Blandón. Tomo II *Ibíd.* pp. 1519-1532.

Sra. Violeta Barrios Torres Vda. de Chamorro
Miembro de la Junta de Gobierno de Reconstrucción (1979-1984)
Presidente de Nicaragua1979-1984

10.- Sra. Violeta Barrios Torres viuda de Chamorro. Miembro de la Junta de Gobierno de Reconstrucción Nacional (1979-1984) y Presidenta de Nicaragua (1990-1996.)

Ella es hija del Sr. Carlos Barrios Sacasa y de la Sra. Amalia Torres Hurtado; el Sr. Carlos Barrios Sacasa fue hijo del Sr. Manuel Joaquín Barrios Guerra y de la Sra. Carmen Sacasa Hurtado; por su lado la Sra. Carmen Sacasa Hurtado, fue hija del Sr. Felipe Sacasa Alvarado y de la Sra. Simona Hurtado Bustos; a su vez el Sr. Felipe Sacasa Alvarado fue hijo del Dr. José Francisco Sacasa Méndez y de la Sra. Mercedes Alvarado; por su lado

Francisco Sacasa Méndez, fue hijo del Dr. y Coronel José Crisanto Sacasa Parodi y de su esposa Mariángeles Méndez de Figueroa; José Crisanto a su vez, fue hijo del Teniente de General José Roberto Sacasa Marenco y de la Sra. Paula Parodi Durán; José Roberto por su lado, fue hijo del Capitán José Francisco Sacasa Belausteguigoitia Salinas y de la Sra. María Lucía Marenco López del Corral. La Sra. Amalia Torres Hurtado, madre de la Sra. Violeta Barrios Torres; a su vez, fue hija del Sr. Manuel José Torres Chamorro y de la Sra. Amalia Hurtado Guerra; por su lado el Sr. Manuel José Torres Chamorro, fue hijo del Sr. Pablo Torres Saborío y de la Sra. Rosario Chamorro Hurtado; a su vez la Sra. Rosario Chamorro Hurtado fue hija del Sr. José María Chamorro Bermúdez y de la Sra. María Crisanta Hurtado de la Peña; por su lado José María Chamorro Bermúdez fue hijo del Capitán José Matías Chamorro Argüello (hermano del Capitán y Lic. Pedro José Chamorro Argüello) y de la Sra. Josefana Bermúdez de la Cerda; a su vez José Matías Chamorro Argüello, fue hijo del Teniente Coronel Fernando Chamorro Lacayo y de la Sra. Bárbara Nicolasa Argüello del Castillo Ugarte; Fernando Chamorro Lacayo por su lado fue hijo del Sargento Mayor Diego Chamorro Sotomayor y Murga y de su esposa Sra. Gregoria Gertrudis Lacayo de Briones. [104]

---

[104] Cardenal, Tellería Marco A. <u>Nicaragua y su Historia. Con Prólogo y Notas de Sergio A. Zeledón Blandón.</u> pp. 520-750. *Ibíd.*

Caldera Cardenal, Norman. <u>El Paso Entre Los Mares: La Familia Sacasa y el Poder en Nicaragua</u>. Managua, Nicaragua 1ra. Edición 2011. *Ibíd.*

La Sra. Violeta Barrios Torres viuda de Chamorro, fue miembro de la Junta de Gobierno de Reconstrucción Nacional (1979-1984) formada por partidos políticos opositores al gobierno de Anastasio Somoza Debayle. Siendo por derecho propio, parte de las dos familias estudiadas en este ensayo, la Sra. Violeta Barrios viuda de Chamorro fue postulada como candidata a la Presidencia de Nicaragua por una coalición de partidos políticos llamada UNO, en las elecciones de noviembre de 1989 en oposición al Frente Sandinista de Liberación Nacional, liderado por el presidente Daniel Ortega Saavedra, elecciones en las que resultó ganadora, encabezando de 1990 a 1996 la transición de la guerra civil, a la pacificación, al desarme, la reconciliación y la reconstrucción nacional, siendo por ello recordada y querida en Nicaragua.

Ella es viuda del asesinado periodista y editor del diario La Prensa de Managua, Pedro Joaquín Chamorro; Pedro Joaquín, fue hijo, del periodista y senador Dr. Pedro Joaquín Chamorro Zelaya y de la Sra. Margarita Cardenal; Pedro Joaquín Chamorro Zelaya por su lado, fue hijo del Sr. Pedro Joaquín Chamorro Bolaños y de la Sra. Ana María Zelaya Bolaños; a su vez, Pedro Joaquín Chamorro Bolaños fue hijo del ex-presidente de Nicaragua Pedro Joaquín Chamorro Alfaro y de la Sra. María de la Luz Bolaños Bendaña; Pedro Joaquín Chamorro Alfaro por su lado, fue hijo del capitán y Lic. Pedro José Chamorro Argüello y de la Sra. Margarita Alfaro Monterroso; ella fue hija del teniente coronel Fernando Chamorro Lacayo y de la Sra. Bárbara Nicolasa Argüello del Castillo; Fernando por su lado, fue hijo del español Sargento Mayor Diego Chamorro

Sotomayor y de la Sra. Gregoria Gertrudis Lacayo de Briones y Pomar. [105] Compartida con los Sacasa. Conservadora.

**Pedro Joaquín Chamorro y su esposa
Sra. Violeta Barrios de Chamorro**

---

[105]Caldera Cardenal, Norman. El Paso Entre Los Mares: La Familia Sacasa y el Poder en Nicaragua. Managua, Nicaragua 1ra. Edición. 2011. *Ibíd.*

Cardenal, Tellería Marco A. Nicaragua y su Historia. Con Prólogo y Notas de Sergio A. Zeledón Blandón. *Ibíd.* pp. 252-371.

Dr. Pedro Joaquín Chamorro Cardenal
"Mártir de las Libertades Públicas"

Dr. Arnoldo Alemán Lacayo
Presidente de Nicaragua (1997-2002.)

11.-Dr. Arnoldo Alemán Lacayo. Presidente de Nicaragua (1997-2002.)

Es hijo del abogado, senador, juez y ministro de gabinete de gobierno, Dr. Agustín Alemán Sandoval y de la Sra. María Antonieta Lacayo Jerez, hija del sacerdote José Antonio Villalta Bone y de la Sra. Amelia Lacayo Jerez, hija a su vez, del ex-Presidente de Nicaragua Dr. Diego Manuel Chamorro Bolaños y de la Sra. Julia Lacayo Jerez, cuando ya era viuda del Sr. Francisco Leal. El ex-presidente Diego Manuel Chamorro Bolaños a su vez fue hijo del ex-Presidente de Nicaragua, General Pedro Joaquín Chamorro Alfaro y de la Sra. María Luz Bolaños Bendaña; Pedro Joaquín por su lado, fue hijo del capitán y Lic. Pedro José Chamorro Argüello y de la Sra. Josefa Margarita Alfaro Monterroso. Pedro José a su vez, fue hijo del Teniente Coronel Fernando Chamorro Lacayo, y de la Sra. Bárbara Nicolasa Argüello del Castillo y Ugarte de Granada. A su vez, Fernando Chamorro Lacayo fue hijo del Sargento Mayor, Diego Chamorro Sotomayor y Murga y de la Sra. Gregoria Gertrudis

Lacayo de Briones y Palacios. La Sra. Julia Lacayo Jerez, por su parte, fue hija del Coronel José Domingo Lacayo Agüero y de la Sra. Asunción Jerez Quiñones del Valle; Asunción a su vez, fue hija del ex-Alcalde de León Sr. Vicente Jerez Grandón y de la Sra. Josefa Quiñones del Valle Díaz del Valle. José Domingo Lacayo Agüero a su vez, fue hijo del Sr. José Antonio Lacayo Marenco y de la Sra. Pilar Agüero Méndez; José Antonio por su lado, fue hijo del Coronel Gabriel Lacayo de Briones y Montiel y de la Sra. Manuela Marenco Guerrero; Gabriel a su vez, fue hijo del Coronel Simón Lacayo de Briones y Pomar y de la Sra. Micaela Vásquez y Montiel; Simón por su lado, fue hijo del Capitán General y Gobernador Colonial de Nicaragua, José Antonio Lacayo de Briones y Palacios y de la Sra. Bárbara Rosa del Pomar y Villegas.[106]

---

[106] Aparicio y Aparicio, Edgard Juan. Genealogía de la Familia Chamorro. Revista Conservadora. Ibíd.

Zeledón Blandón, Sergio A. Dr. Biografía, Historia y Genealogía de las familias Jerez Grandón de Nicaragua. Miami, Florida 1997.

Zeledón Blandón, Sergio A. Dr. Los Ancestros y Descendientes del Dr. General y Presidente de Nicaragua Máximo Jerez Tellería. Miami, Florida 2006.

Rojas, Carmen. Tres familias un Camino. (Bolaños Alemán Ortega.) El Nuevo Diario. Managua, Nicaragua julio, 2010. http:// www.taringa.net /posts/info/6235484/Ortega_-Bolaños-y-Alemán-familia.html.

El Dr. Arnoldo Alemán Lacayo y el ex–vicepresidente de Nicaragua Dr. José Rizo Castellón, con el Dr. José Antonio Alvarado, el Arquitecto Lorenzo Guerrero Mora, y otros liberales, reorganizaron el partido liberal que había quedado desorganizado a la caída del gobierno del ex–presidente general Anastasio Somoza Debayle en 1979. Ellos decidieron llamar al nuevo Partido Liberal Constitucionalista, PLC, en conmemoración a las gestas del liberalismo de los años 1920 y 1930.

El PLC ya reorganizado en 1989 decidieron postular al del Dr. Arnoldo Alemán Lacayo como su candidato para las elecciones para la Alcaldía de Managua para el período 1990-1995 y Alemán las ganó, luego en 1996 fue postulado para las elecciones presidenciales para el período de 1997-2002, las que también ganó. Liberal.[107]

Bolaños Gayer, Enrique, Ex-presidente de Nicaragua. <u>Sobre el parentesco Bolaños-Gayer con Arnoldo Alemán y Daniel Ortega. El Nuevo Diario Managua, Nicaragua julio 20 de 2010.</u>Describe la relación familiar del ex-Presidente de Nicaragua Dr. Arnoldo Alemán Lacayo con la familia Chamorro de Nicaragua. El autor de este ensayo, verificó por escrito, los datos publicados por el Nuevo Diario, con otros miembros de la Academia de Ciencias Genealógicas de Nicaragua.

Caldera Cardenal, Norman Lic. <u>La descendencia del General Don José Antonio Lacayo de Briones y Palacios en Nicaragua y el mundo.</u> <u>"Los Parientes de Mama Chila."</u> Managua, Nicaragua, diciembre de 1993.

[107]<u>http://en.wikipedia.org/wiki/Arnoldo_Alem%C3%A1n</u>

IV. Cuarta Parte

Los Pactos entre Arnoldo Alemán y Daniel Ortega.

El fin de la democracia en Nicaragua.

El Dr. Arnoldo Alemán junto con Daniel Ortega, después de realizadas las negociaciones en donde culminaron en un Pacto Alemán-Ortega. (Fuente: El Nuevo Diario)

Los Pactos entre Arnoldo Alemán Lacayo y Daniel Ortega Saavedra.
El fin de la democracia en Nicaragua.

En los meses de mayo a diciembre de 1999 y durante el año 2000, el líder del PLC Dr. Arnoldo Alemán Lacayo y el líder del FSLN, Comandante Daniel Ortega Saavedra a través de sus representantes personales, decidieron llevar a cabo una serie de negociaciones políticas. Alemán por un lado, nombró como sus representantes personales a los Sres. Jaime Morales Carazo, Dr. René Herrera Zúñiga, Dr. Agustín Alemán Sandoval, Dr. Julio Centeno Gómez y a otros más; Ortega por el otro lado, nombró como sus representantes personales a los Sres. Dr. Rafael Solís, comandante Bayardo Arce, Sr. Edwin Castro y a otros más. Todo con la finalidad de poner fin a huelgas y disturbios, llevar la tranquilidad al país, además, para apoyarse mutuamente a fin de resolver situaciones personales y políticas en la que ambos cabecillas se encontraban involucrados. Entre otras cosas acordaron: I.) reformar la ley electoral; 2) cambiar algunas disposiciones constitucionales a fin de permitir a los partidos políticos ganar las elecciones presidenciales en segunda vuelta con solo el 35% de los votos recibidos; 3) regular condicionando y limitando el número de partidos políticos a participar en las futuras elecciones, eliminando a los grupos no afines a sus intereses; 4) cambiar a una fecha única la celebración de las elecciones nacionales y municipales que se celebraban en fechas separadas; le quitaron a los municipios la potestad de cobrar impuestos, centralizando de esta forma el presupuesto en el gobierno central; les quitaron a los municipios la potestad de decidir el uso de los fondos municipales; 5) resolver, legalizando la situación en que se encontraban numerosas propiedades rurales y urbanas, ocupadas al terminar la guerra civil y después de las elecciones del año 1989 las que estaban siendo reclamadas por sus anteriores dueños y por ciudadanos norteamericanos para quienes sus resoluciones estaban pendientes; 6) finalmente llegaron a acuerdos sobre otros tópicos de interés para ambos cabecillas, sus partidarios y sus partidos políticos. Este pacto entre Alemán y Ortega, se realizó pensando en que Daniel Ortega subiría a poder, pero, quien ganó las elecciones fue el Ing. Enrique Bolaños Gayer.

En el mes de diciembre del 2002, el Dr. Arnoldo Alemán Lacayo fue acusado por la fiscalía de la nación, del gobierno del presidente Ing. Enrique Bolaños Gayer, por lavado de dinero, fraude, malversación de caudales públicos, peculado y asociación e instigación para delinquir y fue condenado el 7 de diciembre del 2003 a 20 años de presidio y al pago de 16 millones de dólares en multas. Alemán apeló los cargos y las condenas ante el Tribunal/Corte de Apelaciones y fue absuelto y exonerado de los mismos.[108]

El 16 de enero del 2009 Alemán ya absuelto y relevado de los cargos y de las condenas, postuló nuevamente su candidatura ante la convención de su partido el PLC para las elecciones presidenciales del 6 de noviembre de 2011 y la asamblea del partido el PLC y sus seguidores le

---

[108]El Nuevo Diario Managua, Nicaragua domingo 7 de diciembre del 2003.

proclamaron como su candidato. Alemán invitó a los miembros disidentes de su partido y otros grupos liberales a forjar la unidad alrededor suyo; algunos dirigentes del PLC le objetaron y ninguno de los otros grupos ni sus dirigentes quisieron aceptar su propuesta de unidad a su alrededor, ni que fuera su candidato, pidiéndole a cambio que se juntara a ellos a fin de forjar la unidad cediendo su candidatura a otro liberal bajo ciertas condiciones, Alemán rechazó las propuestas y no quiso ceder su candidatura a la presidencia por el PLC a cambio de la unidad, como consecuencia el partido liberal se dividió en cuatro facciones:1) el partido Liberal Constitucionalista, PLC con el mismo Alemán como su candidato a la presidencia y con el Dr. Francisco Aguirre Sacasa como su candidato a la vice-presidencia; 2) el partido Liberal Independiente, PLI con el Sr. Fabio Gadea Mantilla como su candidato a la presidencia y con el Dr. Edmundo Jarquín Calderón como su candidato a la vice-presidencia; 3) el partido Alianza Liberal Nicaragüense, ALN con el Sr. Enrique Quiñones como su candidato a la presidencia;4) el partido Alianza por la República APRE con el Dr. Roger Guevara Mena como su candidato a la presidencia, cada uno de ellos compitiendo por separado entre ellos mismos y con el partido FSLN, con el Comandante Daniel Ortega Saavedra como su candidato a la presidencia y con el ex-jefe del ejército nacional, general en retiro Omar Halleslevens Acevedo como su candidato a la vice-presidencia. De conformidad con la información hecha pública por el Tribunal Supremo Electoral de Nicaragua, los resultados de las votaciones en las elecciones para presidente y para diputados de la asamblea nacional del 6 de noviembre de 2011, fueron los siguientes: 1.) FSLN que fue el ganador con el 62.46% de los votos y 63 diputados en la asamblea; 2.) PLI con el 31%; de los votos y 26 diputados en la asamblea; 3.) PLC con el 5.91% de los votos y dos diputados en la asamblea; 4.) ALN con el 0.40% de los votos y ningún diputado; 5.) APRE con el 0.23% de los votos y ningún diputado.[109] El resultado de estas elecciones es el producto del pacto Alemán-Ortega.

El presidente Daniel Ortega Saavedra y su esposa, Vicepresidenta, Rosario Murillo Zambrana. (Foto tomada de internet, CCC-Jairo Cajina.)

---

[109] http://www.cse.gob.ni/md5/res1dipparl.php

Datos biográficos de Rosario Murillo Zambrana Sandino. (Fuente: Wikipedia)

Nació en Managua, Nicaragua, el 22 de Junio de 1951. Hija de Teódulo Murillo Molina y Zoilamérica Zambrana Sandino. Sus padres la enviaron a estudiar inglés y francés a Inglaterra y Suiza. Es profesora, escritora, poeta, activista y política. Desde el 10 Enero de 2017 es vice-presidenta de Nicaragua y su esposo el Presidente. Entre 1967 y 1969 fue profesora de idiomas en Managua, en el Colegio Teresiano y en el Instituto de Ciencias Comerciales. Desde 1967 trabajó en el diario La Prensa con el Dr. Pedro Joaquín Chamorro Cardenal y Pablo Antonio Cuadra (PAC), hasta 1977. En 1969 se integró al Frente Sandinista de Liberación Nacional. En 1984 fue electa diputada de la Asamblea Nacional por el FSLN, ocupando el escaño hasta 1990. Fue directora del Instituto de Cultura hasta 1991. Procreó once hijos. Jorge Narváez, padre de sus dos hijos Zoilamérica y Rafael. Su segundo esposo fue Anuar Hassan, procrearon un hijo que falleció en el terremoto de Managua en 1972. Salió al exilio a Venezuela, luego a Panamá y finalmente a Costa Rica en donde conoció a Daniel Ortega y da inicio a una relación amorosa que ha perdurado hasta la fecha y con quien procreó siete hijos, sumando once hijos, los dos mayores fueron reconocidos por Daniel Ortega. Rosario Murillo y Daniel Ortega contrajeron matrimonio el 3 de Septiembre de 2006 ante los oficios del cardenal emérito Miguel Obando y Bravo, siendo testigo de la boda el Dr. Rafael Solís Cerda.

Biografía oficial de Daniel Ortega Saavedra (Fuente: Wikipedia)

Daniel Ortega Saavedra, nació en la ciudad de La Libertad, en el departamento de Chontales, Nicaragua el 11 de noviembre de 1945, siendo él el primogénito de los cinco hermanos.

Fueron sus padres el Sr. Daniel Ortega Cerda, de profesión contador, y la Sra. Lidia Saavedra. En enero de 1960, con 14 años, Ortega se inició en las actividades políticas en el seno de la Juventud Patriótica Nicaragüense (JPN), un movimiento civil de oposición al somocismo que adoptó el ideario de Sandino.

La familia se trasladó a vivir a Managua, la capital del país, donde su padre pudo trabajar y él y sus hermanos consiguieron reanudar los estudios en el Instituto Pedagógico, regido por los religiosos católicos de La Salle, y en el Colegio Maestro Gabriel donde se bachilleró. En 1966 inició la carrera de Derecho en la Universidad Centroamericana (UCA) de Managua, pero al cabo de unos meses, en 1966, abandonó las aulas para dedicarse de lleno a la resistencia política.

Así, ingresó en el clandestino Frente Sandinista de Liberación Nacional (FSLN), organización político-militar fundada en Honduras en julio 1961 por, entre otros, Tomás Borge Martínez, Silvio Mayorga Delgado y Carlos Fonseca Amador. El FSLN, de una manera más explícita que sus directos predecesores, la JPN y el Movimiento Nueva Nicaragua (MNN) de Fonseca, se hizo abanderada de la lucha del General Augusto C. Sandino, asesinado en 1934 y apostaba por la subversión abierta. La primera actuación destacada de Ortega en el FSLN fue la puesta en circulación del periódico El

Estudiante, el órgano de prensa de la agrupación Frente Estudiantil Revolucionario (FER).

Convertido en estrecho colaborador de Carlos Fonseca Amador, ya para entonces principal líder del FSLN, Ortega recibió la encomienda de organizar unos Comités Cívicos Populares de resistencia a la dictadura, así como una red de comandos armados para realizar acciones de guerrilla urbana, a fin de conseguir fondos.

En 1965, con apenas 20 años, fue ascendido a comandante y a miembro de la Dirección Nacional (DN) del FSLN, donde a partir del año siguiente adquirió el mando sobre el denominado Frente Interno.

En 1967, el año en que ascendió a la Presidencia de la República Anastasio Somoza Debayle, Ortega fue capturado por la Guardia Nacional durante el asalto a un banco y fue sometido a juicio en el cual el tribunal le condenó a penas de prisión. Su estancia en la cárcel se prolongó durante siete años, tiempo en el cual, de acuerdo con su testimonio, padeció de todo tipo de vejaciones, así como largos períodos de incomunicación en celdas de castigo. Una penosa experiencia que se habría prolongado de no haber sido incluido entre los prisioneros sandinistas canjeados el 27 de diciembre de 1974 por los rehenes, colaboradores directos del Gobierno de Somoza, que habían sido tomados por el comando Juan José Quezada del FSLN, encabezado por Edén Pastora "Comandante Cero", el cual se dio a conocer al público internacional con esta audaz acción.

Ortega y los que le liberaron viajaron a Cuba que les ofreció acogida, y a los pocos meses de 1975 él ya estaba de vuelta en Nicaragua, donde encontró su movimiento dividido en tres facciones: Guerra Popular Prolongada (GPP), encabezada por Tomás Borge y el comandante

Henry Ruiz, alias Modesto, y era de inspiración maoísta y alentaba una contienda de liberación popular basada en el campesinado; la tendencia Proletaria, preconizada por Carlos Fonseca, el cual iba a caer en combate en noviembre de 1976, y Jaime Wheelock Román, quiénes se identificaban mejor con la ortodoxia marxista-leninista y sostenía la necesidad de mantener un partido político obrero en la retaguardia; finalmente, estaba la tendencia Tercerista o Insurreccional, que animaban a izquierdistas no marxistas o marxistas heterodoxos, muchos de ellos estudiantes e intelectuales.

Los terceristas daban prioridad a las acciones de guerrilla urbana y al reclutamiento social para lanzar una insurrección general contra la dictadura en la que pudieran tomar parte políticos socialdemócratas, enriqueciendo de paso el substrato ideológico del FSLN. Esta corriente, en la que militaban importantes comandantes como el luego famoso Edén Pastora Gómez, era la mayoritaria, y en ella se integraron Ortega y su hermano menor, Humberto.

El trabajo de los hermanos Ortega en los terrenos tanto militar (Humberto se destacó como principal estratega de operaciones mientras que Daniel llevó el mando táctico de los frentes internos Norte y Sur) como político resultó determinante para la recomposición de la unidad interna del FSLN, sin la cual difícilmente podría triunfar la proyectada ofensiva final contra Somoza.

El desenlace de la derrota de la Guardia Nacional y de la toma del poder por la guerrilla dejó de parecer quimérico desde que en octubre de 1977, tras unos años de durísima persecución militar unida a una no menos cruda represión política en las ciudades, el FSLN Tercerista se lanzó al hostigamiento sistemático de las fuerzas de Somoza. En una de estas acciones, la dirigida en el barrio de Monimbó de la ciudad de Masaya para organizar una insurrección popular que había estallado espontáneamente, pereció otro de los hermanos menores de Ortega, Camilo. Sucedió en febrero de 1978, por la época en que Daniel inició una relación sentimental estable con la poetisa Rosario Murillo Zambrano, con la que iba a tener ocho hijos.

El 8 de marzo de 1979 las tres facciones sandinistas, con la mediación del Gobierno cubano, reconstituyeron la Dirección Nacional conjunta en un contexto de reorganización de todas las fuerzas de oposición a través de coaliciones, como el Frente Amplio Opositor (FAO), que incluía a la Unión Democrática de Liberación (UDEL), liderada hasta su asesinato en enero de 1978 por el propietario periodístico y dirigente conservador y anti somocista Pedro Joaquín Chamorro Cardenal, y el Movimiento Democrático Nacionalista (MDN), del también empresario anti somocista Alfonso Robelo Callejas. El propio FSLN se unió a otras organizaciones de diverso signo, como el Grupo de los Doce, el Movimiento Pueblo Unido (MPU), el Partido Liberal Independiente (PLI) y el Partido Popular Social Cristiano (PPSC), para formar, el 1 de febrero de 1979, el Frente Patriótico Nacional (FPN).

2. Miembro de la dirección colegiada de la Junta de Gobierno

El 17 de julio de 1979 Somoza, forzado por Estados Unidos, huyó de país y dos días después la guerra civil tocó a su fin con la entrada triunfal de las columnas sandinistas en Managua.

La JGRN llegó desde Costa Rica a la ciudad de León el día 18 y asumió formalmente el poder con su instalación en la capital el día 20. En la JGRN a Ortega le flanqueaban: el intelectual socialdemócrata Sergio Ramírez Mercado, por el Grupo de los Doce; el ingeniero Moisés Hassán Morales, por el MPU; Alfonso Robelo Callejas por el MDN; y, Violeta Barrios de Chamorro, viuda de Pedro Joaquín Chamorro, por la UDEL. En suma, de los cuatro junteros no miembros del FSLN, dos eran de partidos prosandinistas y los otros dos de partidos del centroderecha liberal agrupado en el FAO.

Ahora bien, el Consejo de Estado se dotó de una Junta Directiva más restringida cuya presidencia se la reservó el FSLN en la persona del comandante Carlos Núñez Téllez. Por otro lado, aunque el Pacto de Puntarenas preveía el reemplazo de la Guardia Nacional ahora desintegrada por un Ejército nacional suprapartidista, el caso fue que de momento, el Ejército Popular Sandinista (EPS), mandado por Humberto, hizo esa función de manera oficial a partir del 22 de agosto.

El comandante de la Revolución Daniel Ortega se aseguró un puesto de relevancia en la jefatura colectiva del país como miembro tanto de la JGRN como de la DN sandinista denominada histórica y reducida a nueve miembros: todos los demás habían perecido en la lucha anti somocista desde los años sesenta. En la primera reunión importante de los cuadros dirigentes del FSLN, la denominada Asamblea de las 72 horas, realizada del 21 al 23 de septiembre de 1979, se esbozó una estrategia de consolidación y conservación del poder que generó amplias suspicacias en los demás partidos. Alegando que el imperialismo estadounidense y la alta burguesía nacional estaban organizando una reacción contrarrevolucionaria, y que las prioridades del momento eran la reconstrucción del país devastado y la transformación de las relaciones socioeconómicas en un sentido más igualitario, Ortega y sus camaradas plantearon la postergación de cualquier proceso electoral para más adelante.

3. Endurecimiento del régimen sandinista y frentes de oposición

Sin embargo, tras desaparecer el único motivo, la eliminación de la dictadura, que podía aglutinar a una pléyade de fuerzas de ideologías muy divergentes, la alianza entre el FSLN y los partidos no afines (conservadores, liberales y centroizquierdistas, pero también algunos de la extrema izquierda) empezó a resquebrajarse por las mutuas desconfianzas y las acusaciones de pretender instaurar un régimen autoritario de tipo socialista, los unos, y de conspirar contra la Revolución apoyándose en elementos reaccionarios ávidos de revancha, los otros.

El 16 de abril de 1980 la JGRN decretó una reorganización del Consejo de Estado por la que se aumentó el número de sus miembros y perdieron representación varias formaciones. El MPU y el Grupo de los Doce decidieron auto disolverse y varios de sus miembros, como Sergio Ramírez Mercado, se pasaron al FSLN. El cambio desencadenó la crisis en el seno de la JGRN. El 19 de abril, la Sra. Violeta Barrios vda. de Chamorro dimitió como miembro de la junta en desacuerdo con la orientación izquierdista que Ortega deseaba imponer y alegando que los sandinistas habían incumplido las promesas de democracia. Toda vez que

Robelo hizo lo mismo tres días después, el órgano ejecutivo quedó bajo el pleno control del FSLN.

En la II JGRN, constituida el 19 de mayo de 1980, continuaron Jaime Morales Carazo y Sergio Ramírez Mercado, mientras que las renuncias de la Sra. Violeta Barrios viuda de Chamorro y Alfonso Robelo Callejas fueron sustituidas por los moderados Rafael Ángel Córdova Rivas y Arturo José Cruz Porras. En agosto siguiente los sandinistas definieron su intención de permanecer indefinidamente en el poder y su concepto de "democracia participativa", que no pasaba por la mera celebración de elecciones sino por las implicaciones de los representantes de las organizaciones populares de masas en los asuntos de toda índole a través de organizaciones de masas y asambleas populares.

Así, los Comités de Defensa de la Revolución (CDR) lanzados por Fidel Castro en Cuba (con la que, dicho sea de paso, se restablecieron de inmediato las relaciones diplomáticas) inspiraron los Comités de Defensa del Sandinismo (CDS), células a nivel de barrios que implicaron al pueblo llano en la exaltación propagandística de la Revolución y en tareas auxiliares del Estado tales como la supervisión del racionamiento alimentario, el control de los precios al por menor, la lucha contra la corrupción y las campañas sanitarias y culturales, siendo una de las más destacadas la Cruzada Nacional de Alfabetización.

El anuncio por Ortega de que no habría elecciones hasta 1985 motivó el 12 de noviembre de 1980 la retirada del Consejo de Estado de una decena de agrupaciones representativas de la clase empresarial, entre ellas el MDN, por considerar que el Gobierno se había apartado de lo dispuesto en el Estatuto Fundamental promulgado el 20 de julio de 1979 como reemplazo, junto con los Estatutos sobre Derechos y Garantías de los Nicaragüenses del 21 de agosto del mismo año, de la derogada Constitución de 1974. El FSLN acusó a estos partidos políticos nacionales de sabotear las instituciones revolucionarias y el programa de unidad nacional.

El 4 de marzo de 1981 Ortega fue investido en el puesto de "coordinador", en otros países habría sido un virtual Primer Ministro de la III JGRN, que de paso quedó reducida a un triunvirato completado por Ramírez y Córdova. La definición del hombre fuerte de la revolución nicaragüense (en la terminología del FSLN, Revolución Popular Sandinista, RPS) dejó a las claras la situación prácticamente hegemónica de que gozaba el FSLN, que controlaba gran parte del aparato del Estado y el conjunto de las fuerzas de seguridad y defensa. El FSLN funcionaba en la práctica como un partido político de vocación estatal, pero evitaba definirse como tal, abonando la confusión sobre la naturaleza jurídico-institucional del régimen. La JGRN gobernaba por decreto, y de hecho las decisiones políticas, por lo general, emanaban de la Dirección Nacional del FSLN, que transmitía sus propuestas al citado órgano estatal para su discusión y eventual ejecución.

La promoción de Ortega vino a coincidir con un drástico cambio de actitud de Estados Unidos hacia la Nicaragua post-somocista; si la administración demócrata de Jimmy Carter había intentado un acomodo entre sus intereses y las políticas de la Junta de Managua, la nueva administración republicana de Ronald Reagan expresó su voluntad de impedir a toda costa que en el país arraigara un régimen procubano, hasta el punto de tacharlo de plataforma para la penetración del comunismo soviético y de activo "exportador" de revoluciones a toda Centroamérica.

Tras acusar a Managua de suministrar armas a la guerrilla salvadoreña del Frente Farabundo Martí para la Liberación Nacional (FMLN) y de entrar en tratos militares con la URSS y Cuba, el 23 de enero de 1981 la Casa Blanca comenzó el aislamiento de Nicaragua con la suspensión de la ayuda financiera. A finales del año, CIA empezó a instruir y suministrar armas a ex guardias somocistas con el objeto de convertirles, desde bases apostadas en territorio hondureño muy cerca de la frontera, en una fuerza combativa de oposición antisandinista.

Desde principios de 1982 no más de 3.000 ex guardias somocistas y mercenarios reclutados en poblaciones campesinas desafectas comenzaron incursiones militares en misiones de hostigamiento al EPS y de sabotaje económico. Estos efectivos adoptaron el nombre de Fuerza Democrática Nicaragüense (FDN), pero su denominación popular dentro y fuera de Nicaragua (y por ellos mismos asumida) fue la de contras, como expresión truncada de contrarrevolucionarios, o, de un modo genérico, la Contra.

La FDN aunó efectivos y consolidó posiciones en el extremo norte del extenso departamento fronterizo de Zelaya, coordinándose con indígenas misquitos, sumos y ramas alzados en armas contra Managua por la asimilación forzosa de sus comunidades. Desde el sur, en los límites con Costa Rica, pasó a operar la Alianza Revolucionaria Democrática (ARDE) bajo los liderazgos político de Alfonso Robelo Callejas y militar de Edén Pastora Gómez "Comandante Cero", el carismático Comandante Cero. Desilusionado por el curso antidemocrático que estaba tomando la Revolución, en julio de 1981 Pastora había desertado del sandinismo, cesado como viceministro de Defensa y huido a Panamá, donde se puso bajo la protección del dictador Omar Torrijos, precisamente uno de los mayores patrocinadores que había tenido el FSLN.

Ante el incremento de las acometidas rebeldes, el 15 de marzo de 1982 la JGRN proclamó el estado de sitio, que supuso la suspensión de algunas garantías constitucionales, viéndose afectados los derechos de reunión, sindicación y expresión. Bien por una voluntad de radicalizar la RPS hacia la izquierda, bien por una necesidad perentoria ante la sensación de cerco económico y militar estadounidense, o por ambos motivos a la vez, el caso fue que el Gobierno de Ortega intensificó los lazos de cooperación con los países comunistas, con Cuba y la URSS a la cabeza.

El Gobierno de Fidel Castro, el cual asistió como invitado en Managua a los actos con motivo del primer aniversario del triunfo de la Revolución, envió numerosos consejeros militares y técnicos civiles como parte de la cooperación cubano-nicaragüense. Ortega, por su parte, viajó a la capital soviética en febrero de 1984 para asistir a los funerales de Yuri Andropov y de paso para solicitar más asistencia energética y militar, que le fue concedida prácticamente a fondo perdido.

Ortega mismo no era un comunista confeso, aunque otros dirigentes sandinistas si profesaban esa ideología, y públicamente siguió declarando su fe en el pluralismo político, la no alineación exterior y el modelo de economía mixta. También es cierto que al menos hasta 1981, la URSS, con mínimo tino, apostó por que el pequeño pero ortodoxo Partido Comunista local, que terminó teniendo con los sandinistas unas relaciones todo menos cordiales, reemplazara al FSLN como fuerza dominante en un futuro.

El 19 de julio de 1983 Ortega presentó una oferta de paz de seis puntos dentro de las gestiones conducidas por el Grupo de Contadora (foro informal de concertación política formado el 5 de enero anterior por México, Colombia, Venezuela y Panamá para ofrecer fórmulas de distensión y negociación en Centroamérica) consistente en un tratado de no agresión con Honduras, el cese de las injerencias extranjeras en la región en las formas de la asistencia a oposiciones armadas, la instalación de bases militares y la participación de tropas en maniobras conjuntas, así como el cese de las agresiones y las discriminaciones económicas a cualquier gobierno. Washington replicó con su propia oferta de paz, que ponía el acento en la democratización de la región a través de elecciones libres, la supresión de la asistencia al grupo guerrillero salvadoreño FMLN y la retirada de los soldados y asesores extranjeros de Nicaragua.

4. Daniel Ortega, Presidente de la República de Nicaragua.

Gobernó Nicaragua en el período de 1985 hasta 1990 cuando el FSLN perdió las elecciones ante la Unión Nacional Opositora (UNO), una coalición de 14 partidos opuestos al FSLN, que llevó a la presidencia a la Sra. Violeta Barrios vda. de Chamorro, más adelante corrió de nuevo para presidente por el FSLN en 1996 y 2001 y no ganó las elecciones. Sin embargo, en las elecciones presidenciales de noviembre de 2006 y de noviembre del 2011 fue electo y re electo como presidente de Nicaragua.

El 4 de noviembre de 1984 tuvieron lugar elecciones generales, de las que se marginaron los partidos de la Coordinadora Democrática Nicaragüense (CDN) liderada por el ex miembro de la JGRN Arturo Cruz, los cuales acusaron a los sandinistas de manipular el proceso electoral. Sí resolvieron concurrir tres partidos de la oposición centroderechista, el PPSC, el PLI (si bien sólo en las legislativas, pues de las presidenciales se retiró su jefe de filas, Virgilio Godoy Reyes) y el Conservador Democrático de Nicaragua (PCDN), y otros tres de la izquierda, el Socialista, el Comunista y el Movimiento de Acción Popular Marxista-Leninista.

Los comicios pusieron de relieve la capacidad de movilización y la legitimidad popular con que contaba el FSLN: con una participación del 75%, Ortega venció en las presidenciales con el 66,9% de los votos en tanto que el adversario mejor situado, Clemente Guido Martínez, del PCDN, obtuvo sólo el 14%; en la votación para la Asamblea Legislativa y Constituyente, el Frente se hizo con 61 de los 96 escaños. Los observadores internacionales estimaron que los comicios discurrieron con limpieza, pero los partidos opositores denunciaron la instrumentación por el FSLN de los órganos del Estado y los medios de comunicación adictos, y la actitud intimidatoria de las organizaciones de masas sandinistas, todo lo cual había menoscabado seriamente la libertad del voto y las reglas del juego democrático.

El 10 de enero de 1985, en el séptimo aniversario del asesinato de Pedro Joaquín Chamorro, una coincidencia que no fue casual y que correspondió a un gesto sandinista de distensión con la oposición liberal-conservadora menos beligerante, Ortega tomó posesión de la Presidencia con mandato hasta 1991 y Ramírez hizo lo propio con el puesto de vicepresidente.

En las elecciones del año 2006 Daniel Ortega también corrió como candidato del FSLN y ganó volviendo a ocupar la presidencia de Nicaragua para el período que finalizó en el 2011 fecha en que su partido le volvió a postular para un nuevo período presidencial que también ganó ampliamente ante una oposición dividida.

V. Conclusiones

Casos recientes, que no son únicos en la historia de Nicaragua, nos sirven de ejemplo del comportamiento de la clase política nicaragüense, que a despecho de los intereses del pueblo y en fechas recientes con consecuencias graves y brutales ha seguido ejerciendo gran influencia en el desarrollo político, social y económico de Nicaragua, son:

1.) El caso del ex– vicepresidente de Nicaragua en el gobierno del presidente por el FSLN, Daniel Ortega Saavedra (2007-2011) el político empresario y financista, Sr. Jaime Morales Carazo, quién por derecho propio, pertenece tanto por el lado de su padre, como por el lado de su madre, a las familias Chamorro y Sacasa de Nicaragua.

El ex–vicepresidente de Nicaragua Sr. Jaime Morales Carazo, es hijo del Dr. Carlos Morales Casco y de la Sra. Ana Carazo Arellano. El Dr. Carlos Morales Casco, el padre del Sr. Jaime Morales Carazo, fue un abogado y político liberal de Granada y uno de los consejeros del ex-presidente de Nicaragua general Anastasio Somoza García entre los años 1930 y 1940, de quien se distanció más tarde. El Dr. Carlos Morales Casco, fue hijo del Sr. Ambrosio Morales, originario de Nueva Segovia y de la Sra. Justa Casco Chamorro, hija a su vez del general y ex-presidente de Nicaragua Fruto Chamorro Pérez y de la Sra. Calixta Casco, una dama de Granada. Fruto Chamorro Pérez por su lado, fue hijo del capitán y Lic. Pedro José Chamorro Argüello y de María Pérez, una joven indígena que conoció en sus tiempos de estudiante

en Guatemala; Pedro José a su vez, fue hijo del Teniente Coronel Fernando Chamorro Lacayo, y de la Sra. Bárbara Nicolasa Argüello del Castillo y Ugarte de Granada. A su vez, Fernando Chamorro Lacayo fue hijo del Sargento Mayor, Diego Chamorro Sotomayor y Murga y de la Sra. Gregoria Gertrudis Lacayo de Briones y Palacios. La Sra. Ana Carazo Arellano, la madre del Sr. Jaime Morales Carazo, fue hija del Sr. Evaristo Carazo Hurtado y de la Sra. Luz Perfecta Sequeira Arellano. Evaristo a su vez, fue hijo del ex– presidente de Nicaragua General Evaristo Carazo Aranda y de su esposa la Sra. Dolores Hurtado; Luz Perfecta Sequeira Arellano por su lado, fue hija del Sr. Fernando Sequeira Luna y de la Sra. Luz Arellano Chamorro, a su vez hija del Lic. Narciso Arellano del Castillo y Guzmán y de la Sra. María Luisa Chamorro Sacasa; María Luisa por su lado, fue hija del Sr. Joaquín Chamorro Fajardo y de su esposa la Sra. Josefina Sacasa Marenco; Joaquín Chamorro Fajardo a su vez fue hijo del Sargento Mayor Diego Chamorro Sotomayor y Murga y de su esposa Francisca Fajardo; Josefina Sacasa Marenco fue hija del capitán José Francisco Sacasa Belausteguigoitia Salinas y de su esposa María Lucía Marenco López del Corral, Diego Chamorro y José Francisco Sacasa son los fundadores de las dinastías Chamorro y Sacasa. [110]
Jaime Morales Carazo fue un empresario y financista del

---

[110]   Caldera Cardenal, Norman. El Paso Entre Los Mares: La Familia Sacasa y el Poder en Nicaragua. Managua, Nicaragua 1ra. Edición 2011. *Ibid.*

Cardenal, Tellería Marco A. Nicaragua y su Historia. Con Prólogo y Notas de Sergio A. Zeledón Blandón. *Ibid.* pp. 252-371.

grupo Banic en Managua en los años 1960 y 1970 y salió al exilio a México a la caída del gobierno de Anastasio Somoza Debayle en 1979 donde formó parte y fue asesor del movimiento político-militar FDN, conocido como contra en los años 1980 que lideró la oposición armada contra el gobierno del FSLN. Su casa de habitación fue confiscada por el gobierno y entregada para uso personal y de su familia al comandante Daniel Ortega Saavedra del FSLN, miembro de la Junta de Gobierno que asumió el poder a la caída de Somoza Debayle.

Al terminar la guerra civil y al ganar las elecciones al FSLN la UNO en 1989, Morales Carazo regresó a Nicaragua y se unió al Partido Liberal Constitucionalista PLC, liderado por el Dr. Arnoldo Alemán Lacayo, llegando a ocupar posiciones importantes en el partido y en el gobierno de Alemán, Morales Carazo, solicitó y fue indemnizado por el valor de su casa confiscada y fue uno de los representantes e instrumental en las negociaciones y la puesta en práctica de los "acuerdos políticos" suscritos entre el ex-presidente Arnoldo Alemán y el n presidente Daniel Ortega en los años 1999 y 2000. Morales Carazo, más tarde se distanció del ex-presidente Alemán y forjó una amistad personal y política con el presidente Daniel Ortega Saavedra, quién para las elecciones del 2006 le invitó a que le acompañara en su boleta electoral como candidato a vice–presidente. Las elecciones fueron ganadas por el FSLN y Ortega y Morales fueron electos Presidente y Vice–Presidente de Nicaragua para el período de 2007 a 2011. Sin embargo, para las elecciones presidenciales de noviembre de 2011 Jaime Morales Carazo no figuró como candidato a vice-presidente en la boleta electoral de Ortega, quién esta vez escogió para el cargo al ex – jefe del ejército nacional, general en retiro, Omar Halleslevens.

2.) Daniel Ortega Saavedra, una anomalía aparente en la historia política de Nicaragua, con astucia ha usado a discreción el "pacto" como instrumento para alcanzar y ejercer el poder militar, político y económico absoluto, ha demolido a rivales políticos tradicionales liberales y conservadores como Arnoldo Alemán y Eduardo Montealegre Rivas en Nicaragua lo mismo que a disidentes como el MRS (Movimiento de Renovación Sandinista) dentro de su propio partido, lo que le ha permitido mantener el liderazgo absoluto en su partido FSLN y la presidencia de Nicaragua desde la salida del gobierno del Ing. Enroque Bolaños G. Para lograr este control absoluto ha nombrado a personas incondicionales a su persona en el ejército, en la policía nacional, en el congreso nacional, en el Tribunal Supremo Electoral, en la Corte Suprema de Justicia y resto de instituciones del estado. Todos los poderes del estado quedaron supeditados a su persona.

Pero lo que ha asombrado a todos fue que pudo romper la animadversión existente con los grandes agricultores, comerciantes e industriales, transformándola en entendimiento y en alianza.

Las reformas constitucionales fueron el comienzo de una nueva era para Ortega, las decisiones más importantes sobre el futuro de Nicaragua se comenzaron a discutir y a tomar directamente entre el presidente y la organización empresarial privada más grande del país El COSEP, que pudo negociar una ley que protege su propia cuota de poder y las reformas constitucionales negociadas y aprobadas en la primera votación por la legislatura dieron mayor poder al presidente y también al acuerdo Ortega y

COSEP, que de acuerdo a ambos fomentaba la negociación y el compromiso y terminó con el pacto de poder entre Ortega y Alemán.

El pacto Ortega-Alemán (1997-2002) destruyó la democracia en Nicaragua, desbarató el pluralismo político y los sueños de democracia pluralista que al término de la guerra se trazaron para la democracia en Nicaragua y dividió las instituciones del estado entre ambos pactantes. Daniel Ortega controló el aparato burocrático, el Ejército Nacional, la Policía Nacional, el Tribunal Supremo Electoral, en suma todos los poderes del estado están actualmente bajo su total control. Daniel Ortega también se rodeó de un grupo de asesores económicos que recrearon un sistema económico neoliberal asistido por el dinero venezolano, además, contando con el apoyo de los grandes empresarios que se coordinaban con su equipo de técnicos que diseñaron las políticas económicas que favorecieron al enriquecimiento de estos dos grupos (empresarios privados y Daniel Ortega y sus incondicionales) en uno de los países más pobres del continente americano.

El 17 de enero de 2009, la Corte Suprema de Justicia de Nicaragua absolvió al ex presidente Arnoldo Alemán de sus cargos por corrupción. Le dejaba así la puerta abierta para presentarse de nuevo a unas elecciones. Esa controversial decisión judicial no dejó indiferente a nadie: sus detractores coinciden en denunciar la supuesta existencia de un pacto secreto con Daniel Ortega para repartirse cuotas de poder: uno habría ganado su libertad (Alemán) y el otro, volver a la presidencia (Ortega). La clave habría sido el control que Ortega tenía del tribunal que lo absolvió.

A Arnoldo Alemán se le formularon cargos en países como Panamá y Estados Unidos y se le condenó a 20 años de prisión en Nicaragua, aunque no llegó a ingresar en la cárcel: la Corte le confinó a un arresto especial de convivencia familiar dentro de los límites de la ciudad de Managua. Transparencia Internacional le consideró en aquella época como el noveno Jefe de Estado más corrupto del mundo y estimó su saqueo de las arcas en unos 100 millones de dólares.

Para Arnoldo Alemán el pacto con Ortega, respondía al interés mutuo de los dos líderes políticos. Ortega estaba en situación débil después de sufrir su tercera derrota electoral consecutiva y también acababa de enfrentarse a una rebelión interna en su propio partido.

El autoritarismo de Ortega fue evidente tras el pacto que selló con el expresidente liberal Arnoldo Alemán, el jefe del partido liberal que en el año 2000 fue acusado, juzgado y condenado por lavado de dinero, y a quien, a cambio de impunidad, Ortega que ya controlaba los tribunales de justicia, concedió a Alemán su antiguo adversario y ahora su aliado, una reforma en las leyes que permitió ganar la presidencia con el 35% de los votos, justo la cuota máxima que Ortega había alcanzado en las tres elecciones anteriores, saliendo siempre derrotado.

Ortega certificaba su triunfo con el porcentaje de votos seguros de su partido con que él contaba. El pacto fue negociado con vista a obtener ganancias electorales e impunidad para ambos. **Sin embargo, Ortega sabía que los más importantes logros eran para él, porque éstos le daban de regreso el poder, un poder que no se dejaría quitar jamás, por vías democráticas.**

De esa manera, Arnoldo Alemán fue superado con creces por la astucia de Ortega que con el pacto se aseguraba también que una demanda interpuesta por su hijastra, Zoilamérica Narváez, caso que tenía pendiente en las cortes, prescribiera. De la misma importancia fue que vio la oportunidad de convertirse en carcelero de Arnoldo Alemán. Daniel Ortega sorprendió a todos otorgándole a Alemán la salida de la cárcel, con la salvedad, de que Ortega se guardaba para si las "llaves de la prisión", quedando Arnoldo Alemán a expensas de la voluntad de Daniel Ortega, su carcelero.

A Arnoldo Alemán el pacto con Ortega le costó muy caro, el poco prestigio que tenía se disipó, dividió a su propio partido, confundiendo a los candidatos a la presidencia, lo que permitió a Ortega y a su partido ganar tres elecciones municipales y nacionales seguidas.

Entre tanto, Alemán ya para el año 2010, comenzó a darse cuenta que Ortega no le consultaba nada, que se había dejado manosear por él y entendió que el "sistema político" que según el propio Arnoldo Alemán, había tratado de "construir con Ortega" no existió nunca.

Daniel Ortega Saavedra actuó en el mejor estilo del líder Liberal General Anastasio Somoza García con el líder conservador General Emiliano Chamorro Vargas en el "Pacto de los Generales," (3 de Abril de 1950) que destruyó la carrera política de Emiliano Chamorro Vargas y con el Partido Conservador que desde entonces no volvió a adjudicarse el poder en Nicaragua.

Las entidades nacidas del Pacto Ortega-Alemán dejaron de existir, sin que Alemán actuara como contrapeso y la farsa de la normalidad no pudo continuar, porque Daniel Ortega eran quien ostentaba en realidad el poder, un poder absoluto dictatorial que siempre anheló, traicionando a todos aquellos combatientes contra la dictadura somocista, entregaron sus vidas para construir una verdadera democracia en libertad para Nicaragua.

Daniel Ortega se dió cuenta que Nicaragua necesitaba un nuevo sistema operativo para reemplazar su modelo obsoleto.

En el año 2010, en medio de fuertes presiones, señaladas por grupos empresariales, grupos de expertos, partidos de oposición, líderes religiosos y miembros de la sociedad civil, Daniel Ortega hizo aprobar, en primera votación por el Congreso Nacional, algunas reformas constitucionales, el proyecto de ley de Ortega que fue aprobado el 10 de diciembre del 2010 bajo estrictas orientaciones partidarias, con 63 legisladores sandinistas en favor y 26 en contra por parte de los partidos minoritarios en la oposición.

Los avances políticos de Daniel Ortega Saavedra y Rosario Murillo Zambrana tiene tanto que ver con la torpeza de la oposición democrática como por la astucia de la pareja en el poder.

El COSEP, representa a una clase capitalista nueva, cuyos intereses se superponen en gran medida a los de la nación y de los pequeños empresarios. Pero cuando se les criticó, por acomodarse al poder de Daniel Ortega y que era la única institución que logró que Daniel Ortega negociara un acuerdo con ellos. La relación Ortega-

COSEP ha sido para preservar los intereses de estos dos grupos, dejando a un lado los intereses de la nación y el pueblo nicaragüense. [111]

Es cierto que la crisis que explotó en abril del año 2018, por causa del uso indebido de los fondos de retiro del Seguro Social, el conflicto actual pudo haber estallado por cualquier motivo distinto al del INSS; pudo haber sido el canal interoceánico el detonante de la protesta, al despojar de sus tierras a las comunidades indígenas de la Costa Atlántica de Nicaragua. Pero, en todo caso, los motivos del origen reciente hay que contextualizarlos para comprender la radicalización con la que se expresan decenas de miles de personas.

Todas estas protestas que llegaron a culminar con la crisis política y económica en Nicaragua, se dan a pesar de dos hechos, los acuerdos del Gobierno de Ortega y el COSEP y las buenas calificaciones que el Fondo Monetario Internacional le otorga al crecimiento económico de Nicaragua, bajo la administración de Daniel Ortega, hasta esa fecha. De hecho, personal técnico del FMI que visitó Nicaragua en 2017 felicitó al Gobierno por las buenas perspectivas del país, con un crecimiento del 4,9% del PIB.

Se dijo que el crecimiento para el año 2018 sería del 4,7%, pero la reforma del INSS fue justamente lo que sacudió a Nicaragua entera desde el 18 de abril al presente. El informe del FMI reveló además que se "recibió con beneplácito las medidas adoptadas por las autoridades para fortalecer el sector bancario".

---

[111] Nicaragua's new pacto By Tim Rogers. Nicaragua Dispatch. 12-17-13.

Lo que hay que hacer notar también es que el presidente Ortega desde su primer mandato hasta el 2018 ha venido cambiando poco a poco el sistema de división de poderes (ejecutivo, legislativo, judicial y electoral) característico de los sistemas democráticos representativos, como tradicionalmente ha sido Nicaragua, por uno que concentra el poder en manos del ejecutivo. El presidente Ortega ya controla el poder legislativo, el poder judicial y el poder electoral, además del Ejército Nacional y la Policía Nacional, como se ha dicho en párrafos anteriores.

Un caso que dejo en claro esa nueva concentración de poderes fueron las decisiones unilaterales tomadas por el ejecutivo en las aprobaciones de la disminución de las pensiones en un 5%, y el aumento de las cotizaciones de los trabajadores y empresarios al INSS, que generaron las protestas del 18 de abril de 2018.
El ejecutivo debió de haber abierto un debate con las partes interesadas, llegar a un acuerdo y luego discutir lo acordado por las partes a como establece la ley. Sin embargo, se pretendió imponer los cambios por decreto presidencial y cuando el presidente Ortega revirtió la decisión ya fue muy tarde porque el país entero estaba protestando en las calles.

No obstante que el presidente haya gobernado casi sin oposición y sin protestas en las calles durante una década, lo cierto es que estudiantes primero y multitudes de ciudadanos después salieron a las calles a protestar contra las medidas impuestas en el INSS, pidiendo soluciones para sus problemas y clamando por elecciones anticipadas para cambiar al presidente de Nicaragua.

La juventud universitaria se alzó primero en Managua usando como medio de propaganda la internet, sus redes sociales, la televisión y la radio; a la juventud la siguió la gente que no tenía voz, miles de padres, madres e hijos que vieron la oportunidad de reclamar por soluciones a sus problemas. De esa manera el mundo entero fue testigo de la rebelión popular y la manera como fue abatida. [112], [113]

---

[112] Iosu Perales. Que ocurre en Nicaragua? Preguntas y respuestas. En Vientosur 04-07-2018

[113] SERGIO RAMIREZ MERCADO. EL PAIS 28 JUL 2018. Sergio Ramírez es escritor, político y abogado. En 2017 recibió el Premio Cervantes.

"Aquéllos que no conocen su historia están destinados a repetirla. [114] "

---

[114]Jorge Agustín Nicolás Ruiz de Santayana y Borrás, filósofo, ensayista y novelista español. 1863-1952.

Datos del autor

Sergio A. Zeledón Blandón, J.D., MA., PhD

Es un científico social y abogado con más de 30 años de experiencia de investigación y enseñanza en el área del desarrollo económico, la historia y la cultura política de Centroamérica, con énfasis particular a Nicaragua en sus relaciones con España, Inglaterra, los Estados Unidos de América, México y los demás países de Centroamérica, tópicos sobre los que ha escrito y publicado en libros, diarios y revistas especializados. Su experiencia de trabajo incluye, instituciones de investigación y enseñanza superior del sector público y privado y agencias de financiamiento y cooperación al desarrollo, como el Instituto Centroamericano de Administración de Empresas, INCAE; el programa de reconstrucción de

Managua del gobierno de Nicaragua, con financiamiento del Gobierno de los Estados Unidos de América a través de la Agencia Internacional para el Desarrollo USAID; el Instituto Nicaragüense de Administración Pública, INAP; el Banco Interamericano de Desarrollo, BID; el Programa de las Naciones Unidas para el Desarrollo, PNUD; Berlitz Global Services; Florida International University, FIU y el Departamento de Educación del Condado Miami Dade, entre otras, donde se ha desempeñado como investigador, profesor, asesor técnico principal, abogado y gerente/director de proyectos de financiamiento del desarrollo y de reforma del estado. Sergio posee un doctorado (Ph.D.) en Estudios Internacionales con énfasis en Estudios Latinoamericanos de la Universidad de California en Berkeley; una maestría (MA) en Estudios Internacionales con énfasis en Administración Pública y Desarrollo Económico de la Universidad de Ohio; una maestría (MA) con énfasis en Economía Internacional y Estudios Europeos de la Universidad de Roma, Italia; y un doctorado en Derecho de la Universidad Centroamericana en Managua, Nicaragua. Es Miembro Correspondiente de la Academia de Geografía e Historia de Nicaragua y Miembro Correspondiente de la Academia de Ciencias Genealógicas de Nicaragua.

LIBROS PUBLICADOS Y DISPONIBLES EN AMAZON CON EL PATROCINIO DEL MOVIMIENTO CULTURAL NICARAGÜENSE, MIAMI, FLORIDA, USA.

1.- "Augusto C. Sandino. Escritos sobre el General de Hombres Libres", recopilación por Flavio Rivera-Montealegre, 630 páginas, formato de 8.5"x11.0". Edición de Julio 19, 2013. Miami, Florida, USA.

2.- "Alfonso Valle Candia. Escritos Testimoniales", Tomo I, recopilación de artículos facilitados por el Gral. Nicolás Valle Salinas. Edición de Flavio Rivera-Montealegre. Ilustraciones a color, 454 páginas, formato de 8.5"x11.0", edición de Agosto 17, 2013. Miami, Florida, USA.

3.- "Alfonso Valle Candia. Otros Escritos Testimoniales", Tomo II, recopilación de artículos facilitados por el Gral. Nicolás Valle Salinas. Edición de Flavio Rivera-Montealegre. Ilustraciones a color, 364 páginas, formato 8.5"x11.0". Edición de Agosto 28, 2013. Miami, Florida, USA.

4.- "El Holandés Errante y Otros Poemas de Luis Ángel Casas", por Flavio Rivera-Montealegre. Poema en Octavas Reales. 124 páginas, formato 6"x9", blanco y negro. Edición de Septiembre 13, 2016. Miami, Florida, USA.

5.- "Augusto C. Sandino y los Capítulos que Ocultó Wall Street. En complicidad con los Conservadores de Nicaragua", recopilación de Flavio Rivera-Montealegre. 494 páginas, formato 8.5"x11.0", ilustraciones a color. Edición de Septiembre 26, 2013. Miami, Florida, USA.

6.- "Ensayos y Artículos", escritos por Flavio Rivera-Montealegre, 462 páginas, formato 8.5"x11.0", blanco y negro. Edición de Agosto 26, 2013. Miami, Florida, USA.

7.- "Los Españoles en Estados Unidos de América. Biografía de Fray Junípero Serra", escrito por Marco A. Cardenal-Tellería y Flavio Rivera-Montealegre. Ilustraciones a color, 114 páginas, formato de 8.5"x8.5". Edición de Agosto 03, 2013.

8.- "La Enseñanza", novela escrita por Jorge Eduardo Argüello Sansón, poeta, novelista y escritor nicaragüense. 250 páginas, formato 6"x9", blanco y negro. Edición de Agosto 30, 2013. Miami, Florida, USA.

9.- "General Pancho Cabuya. Todos menos uno", escrito por Hugo J. Vélez Astacio. 214 páginas, formato 6"x9". Edición paralela a la de Nicaragua, Agosto 22, 2013. Miami, Florida, USA.

10.- "Vida y Obra de Rubén Darío. Genealogía, Iconografía y Ensayos", por Flavio Rivera-Montealegre, ilustraciones en blanco y negro; 494 páginas, formato 8.5"x11.0". Edición de Julio 19, 2013. Miami, Florida, USA.

11.- ¿José Martí enfrentado a Rubén Darío?, escrito por Flavio Rivera-Montealegre; 512 páginas, formato 6"x9", profusamente ilustrado en blanco y negro; 512 páginas, formato 6"x9". Edición de Agosto 10, 2013. Miami, Florida, USA.

12.- "Augusto C. Sandino. Cronología, Iconografía y otros escritos", por Flavio Rivera-Montealegre; 408 páginas, formato 8.5"x11.0", profusamente ilustrado a color. Edición de Septiembre 10, 2013. Miami, Florida, USA.

13.- "Ensayos Históricos" escrito por el Dr. Sergio Zeledón Blandón, PhD. 232 páginas, formato 8.5"x11.0", con ilustraciones en blanco y negro. Edición de Septiembre 06, 2013. Miami, Florida, USA.

14.- "Ensayos Históricos sobre Nicaragua", Tomo I, escrito por el Dr. Sergio Zeledón Blandón, PhD.; 400 páginas, formato 6"x9", en blanco y negro, profusamente ilustrado. Edición de Septiembre 07, 2013. Miami, Florida, USA.

15.- "Augusto C. Sandino y los Yanquis. Cronología, Retratos de Sandino, Iconografía", recopilación y colaboración del Prof. José Santos Rivera Siles, Flavio Rivera-Montealegre; profusamente ilustrado a color; 500 páginas, formato 8.5"x11.0". Edición de Agosto 31, 2013. Miami, Florida, USA.

16.- "El Alma de un Poeta Enamorado. Vida y pensamiento de José Santos Rivera Siles", poemario escrito por el Prof. y poeta D. José Santos Rivera Siles, recopilación y colaboración de Flavio Rivera-Montealegre; profusamente ilustrado a color; 186 páginas, formato 8.5"x8.5". Edición de Agosto 13, 2013. Miami, Florida, USA.

17.- "Genealogía de la familia Montealegre. Sus antepasados en Europa y sus descendientes en América", Tomo I, escrito por Flavio Rivera-Montealegre, profusamente ilustrado en blanco y negro; 642 páginas, formato 8.5"x11.0". Edición de Noviembre 10, 2012. Miami, Florida, USA.

18.- "Pedrarias Dávila. Biografía de un hombre de acción y su tiempo", Tomo I, escrito por Marco A. Cardenal-Tellería (1941-2014), profusamente ilustrado a color; 642 páginas, formato 8.5"x11.0". Edición de Octubre 14, 2013. Miami, Florida, USA.

18.a.- "Pedrarias Dávila. Biografía de un hombre de acción y su tiempo", Tomo II, escrito por Marco A. Cardenal-Tellería (1941-2014), ampliamente ilustrado a color; 424 páginas, formato 8.5"x11.0". Edición de Abril 16, 2014. Miami, Florida, USA.

19.- "Historia y Genealogía de la familia Cardenal-Tellería en Nicaragua", escrito por Roberto Cardenal-Tellería; 365 páginas, formato 8.5"x11.0". Edición de Mayo 21, 2014 y 4a. edición de 2018. Miami, Florida, USA.

20.- "Pedrarias Dávila. Un hombre de acción y su tiempo", escrito por Marco A. Cardenal-Tellería. Edición del año 2010, 600 páginas, formato 8.5"x11.0". Miami, Florida, Estados Unidos de América.

21.- ¿Martí vs. Darío?, escrito por Flavio Rivera-Montealegre; 192 páginas, formato 8.5"x11.0". Edición de Febrero 28, 2011. Miami, Florida, USA.

22.- "La dramática vida de Edelberto Torres. Autobiografía", escrita por Edelberto Torres Espinoza, ampliada por Flavio Rivera-Montealegre; ampliamente ilustrada en blanco y negro; 666 páginas, formato 6"x9". Edición de Marzo 19, 2014. Miami, Florida, USA.

23.- "Vida del Maestro Luis Casas Romero", escrita por Flavio Rivera-Montealegre, con la colaboración del poeta Luis Ángel Casas, 2da. Edición, ampliamente ilustrada en blanco y negro; 380 páginas, formato 8.5"x11.0". Edición de Abril 03, 2014. Miami, Florida, USA.

24.- "Biografía del Maestro Luis Casas Romero. Pionero de la Radio en Cuba, Mambí y creador de la Criolla Cubana", escrito por Flavio Rivera-Montealegre con la colaboración del poeta Luis Ángel Casas, Primera Edición, ampliamente ilustrada a color; 292 páginas, formato 8.5"x11.0". Edición de Noviembre 10, 2011. Miami, Florida, USA.

25.- "La Tiniebla Infinita y Otros Poemas. Pepe del Mar y El Genio Burlón", tres poemarios fundamentales en la obra poética de Luis Ángel Casas, poeta cubano, nieto del Maestro Luis Casas Romero. 1a. Edición, 240 páginas, formato 6"x9". Edición de Enero 14, 2014. Miami, Florida, USA.

26.- "El Saqueo de Wall Street en Nicaragua. En complicidad con los Conservadores", escrito por Rafael de Nogales-Méndez, ampliada por Flavio Rivera-Montealegre. Obra publicada originalmente en inglés en 1937, prohibida por el Gobierno Federal de Estados Unidos de América, edición que fue confiscada. Ilustraciones en blanco y negro, 644 páginas, formato 6"x9". Edición de Octubre 03, 2013. Miami, Florida, USA.

27.- "Edelberto Torres. Autobiografía", escrita por D. Edelberto Torres Espinoza, ampliada por Flavio Rivera-Montealegre; 410 páginas, formato 8.5"x11.0". Edición de Noviembre 13, 2013. Miami, Florida, USA.

28.- "El Mundo que Tú no conocías", escrito por Marco A. Cardenal-Tellería, colaboración de Flavio Rivera-Montealegre. Profusamente ilustrado en blanco y negro; 556 páginas, formato 8.5"x11.0". Edición de Diciembre 05, 2013. Miami, Florida, USA.

29.- "Caravana de Insomnio. Antología Poética" del poeta cubano Luis Ángel Casas (La Habana, Cuba, 1928 – Miami, Florida, USA, 2013). Antología seleccionada por su autor. Consta de 434 páginas, formato 8.5"x11.0". Edición de Marzo 11, 2014. Miami, Florida, Estados Unidos de América.

30.- "Rubén Darío y la Crítica", Tomo I; recopilación, selección de textos e ilustraciones por Flavio Rivera-Montealegre; profusamente ilustrado en blanco y negro; 442 páginas, formato 8.5"x11.0". Homenaje en el Primer Centenario de su Muerte 1916-2016. Edición de Noviembre 29, 2014. Miami, Florida, USA.

31.- "Rubén Darío y la Crítica", Tomo II; recopilación, selección de textos e ilustraciones por Flavio Rivera-Montealegre; profusamente ilustrado en blanco y negro; 470 páginas, formato 8.5"x11.0". Homenaje en el Primer Centenario de su Muerte 1916-2016. Edición de Enero 22, 2015. Miami, Florida, USA.

32.- "Rubén Darío y la Crítica", Tomo III; recopilación, selección de textos e ilustraciones por Flavio Rivera-Montealegre; profusamente ilustrado en blanco y negro; 482 páginas, formato 8.5"x11.0". Homenaje en el Primer Centenario de su Muerte 1916-2016. Edición de Mayo 21, 2015. Miami, Florida, USA.

33.- "Rubén Darío y la Crítica", Tomo IV; recopilación, selección de textos e ilustraciones por Flavio Rivera-Montealegre; profusamente ilustrado en blanco y negro; 592 páginas, formato 8.5"x11.0". Homenaje en el Primer Centenario de su Muerte 1916-2016. Edición de Septiembre 30, 2016. Miami, Florida, USA.

34.- "El Comunismo. Teoría y Realidad", escrito por Flavio Rivera-Montealegre. Profusamente ilustrado en blanco y negro; 384 páginas, formato 6"x9". Edición de Agosto 04, 2014, Miami, Florida, USA.

35.- El Conservadurismo. Teoría y Realidad", escrito por Flavio Rivera-Montealegre. Profusamente ilustrado en blanco y negro; 384 páginas, formato 6"x9". Edición de Agosto 04, 2014. Miami, Florida, USA.

36.- "El Liberalismo. Teoría y Realidad", escrito por Flavio Rivera-Montealegre. Profusamente ilustrado en blanco y negro; 500 páginas, formato 6"x9". Edición de Agosto 18, 2014. Miami, Florida, USA.

37.- "Escritos Testimoniales de Alfonso Valle Candia. Genealogía e Iconografía", recopilación e ilustraciones por Flavio Rivera-Montealegre con la colaboración del Gral. Nicolás Valle Salinas. Profusamente ilustrado en blanco y negro; 608 páginas, formato 8.5"x11.0". Edición de Agosto 25, 2014. Miami, Florida, USA.

38.- "Biografía de Rubén Darío", escrita originalmente por Francisco Contreras, corregida y aumentada por Flavio Rivera-Montealegre. Profusamente ilustrada en blanco y negro; 710 páginas, formato 6"x9". Edición de Julio 19, 2013. Miami, Florida, USA.

39.- "¿José Martí versus Rubén Darío? Provincialismo contra Rubén Darío", escrito por Luis Alberto Cabrales y Flavio Rivera-Montealegre. Profusamente ilustrado en blanco y negro; 408 páginas, formato 6"x9". Edición de Septiembre 19, 2014. Miami, Florida, Estados Unidos de América.

40.- "Somoza asesino de Sandino", escrito por el Dr. Ramón Romero, edición ampliada e ilustrada por Flavio Rivera-Montealegre. Profusamente ilustrada en blanco y negro; 348 páginas, formato 6"x9". Edición de Junio 30, 2013. Miami, Florida, USA.

41.- "Rectificaciones sobre Rubén Darío' y "Los Somoza y la Estirpe Sangrienta", dos ensayos escritos por el Gral. Ing. Alfonso Valle Candia; ampliamente ilustrada en blanco y negro por Flavio Rivera-Montealegre, 242 páginas, formato 6"x9". Edición de Agosto 26, 2014. Miami, Florida, USA.

42.- "OXATILA. Leyenda Chinandegana" novela escrita por el Dr. en Leyes D. Agustín Tijerino Rojas; ilustrada en blanco y negro; 106 páginas, formato 6"x9". Edición de Octubre 06, 2013. Miami, Florida, USA.

43.- "Los Postergados", novela escrita por el poeta y dramaturgo chileno D. Emilio Galán. En blanco y negro, 486 páginas, formato 6"x9". Edición de Marzo 13, 2015. Miami, Florida, Estados Unidos de América.

44.- "Benjamín Zeledón. Sangre generoso, sangre de Libertadores", novela basada en los hechos históricos, escrita por Armando Zambrana Fonseca; en blanco y negro, 348 páginas, formato 6.7"x9.6". Edición de Septiembre 04, 2014. Miami, Florida, USA.

45.- "El Misticismo en Rubén Darío", escrito por Armando Zambrana Fonseca, en blanco y negro, 178 páginas, formato 6"x9". Edición de Septiembre 03, 2014. Miami, Florida, Estados Unidos de América.

46.- "Las Profunas Raíces de la Mitología Griega en la Obra de Rubén Darío", escrito por Alejandro Hurtado Chamorro. Premio del Certámen Primer Centenario del Nacimiento de Rubén Darío en 1967. Ampliamente ilustrado por Flavio Rivera-Montealegre, 434 páginas, formato 6"x9". Edición de Noviembre 29, 2017. Miami, Florida, USA.

47.- "Canto a Lambayeque", poemario escrito por el poeta y dramaturgo chileno D. Emilio Galán (n. Linares, Chile, 1939); ilustraciones en blanco y negro por Flavio Rivera-Montealegre; 136 páginas, formato 6"x9". Edición de Septiembre 21, 2015. Miami, Florida, Estados Unidos de América.

48.- "Historia del Mercado Central de Santiago de Chile", escrito por el poeta, dramaturgo, filósofo e historiador D. Emilio Galán (n. Linares, Chile, 1939); ampliamente ilustrado en blanco y negro, 434 páginas, formato 8.5"x11.0". Edición de Agosto 30, 2015. Miami, Florida, Estados Unidos de América.

49.- "Proyecto Smog. Santiago de la Nueva Extremadura (1541-2008)", escrito por el poeta, dramaturgo, filósofo e historiador D. Emilio Galán (n. Linares, Chile, 1939); ilustrado en blanco y negro; 190 páginas, formato 6"x9". Edición de Octubre 01, 2015. Miami, Florida, Estados Unidos de América.

50.- "Don Miguel de Cervantes. Vida y Obra" (Teatro), escrito por el poeta y dramaturgo D. Emilio Galán (n. Linares, Chile, 1939), ilustrado en blanco y negro, 164 páginas, formato 7"x10". Edición de Agosto 09, 2016. Miami, Florida, USA.

51.- "La Leyenda del Puma", novela preparada para el cine chileno, escrita por el poeta, dramaturgo, filósofo e historiador D. Emilio Galán (n. Linares, Chile, 1939); en blanco y negro, 200 páginas, formato 6"x9". Edición de Diciembre 13, 2017. Miami, Florida, Estados Unidos de América.

52.- "Álbum y Genealogía de la familia Montealegre", Tomo II, escrito por Flavio Rivera-Montealegre; ampliamente ilustrado a color; 334 páginas, formato 8.5"x11.0". Edición de Agosto 14, 2016. Miami, Florida, Estados Unidos de América.

53.- "Oh, Cartagena mi Amor" (Madrigal – Poemas Líricos), escrito por el poeta y dramaturgo D. Emilio Galán (n. Linares, Chile, 1939); 84 páginas, formato 6"x9". Edición de Octubre 18, 2016. Miami, Florida, Estados Unidos de América.

54.- "El Niño del Cantón El Sagrario (Rubén Darío). Raíces Autóctonas del Modernismo Literario", escrito por Edgar Macías Gómez, ampliamente ilustrado en blanco y negro, y, colaboración por Flavio Rivera-Montealegre; 396 páginas, formato 8.5"x11.0". Edición de Mayo 20, 2018. Miami, Florida, Estados Unidos de América.

55.- "Boletín Rubendariano 2017", recopilación e ilustraciones por Jorge Eduardo Arellano, Editor, con la colaboración de otros autores como Marcela Pérez Silva, Erick Aguirre Aragón, Carlos Tünnermann Berheim, Rodrigo Caresani, Beatriz Colombi, Alejandra Torres, Rosa García Gutiérrez, Pablo Kraudy Medina, Rocío Oviedo Pérez de Tudela, Ignacio Campos Ruíz, Roberto Carlos Pérez, Günther Schmigalle, Bertha Buitrago, Héctor Vargas. Co-editado por Flavio Rivera-Montealegre para la edición de Miami, Florida.

Ilustraciones en blanco y negro, 322 páginas, formato 6"x9". Edición de Junio 19, 2018. Miami, Florida, Estados Unidos de América.

56.- "Rubén Darío. Su Vida y su Obra", escrito originalmente por Francisco Contreras, edición corregida y aumentada por Flavio Rivera-Montealegre, ampliamente ilustrada en blanco y negro, 488 páginas, formato 8.5"x11.0". Edición de Febrero 28, 2012. Miami, Florida, Estados Unidos de América.

57.- "Abismo y Cima", Homenaje a Rubén Darío en el Primer Centenario de su Muerte 1916-2016, escrito por Jaime Torres Bodet, 534 páginas en blanco y negro, ampliamente ilustrado, formato 6"x9". Edición de Junio 16, 2015. Miami, Florida, USA.

58.- "Rubén Darío: Paralelo entre su Vida y su Obra", escrita por Jaime Torres-Bodet, ampliada por Flavio Rivera-Montealegre, profusamente ilustrada en blanco y negro; 534 páginas, formato 6"x9". Edición de Junio 16, 2015. Miami, Florida, USA.

59.- "Las Doctrinas Prostituídas en América Letrina. El Liberalismo", escrito por Flavio Rivera-Montealegre. Ampliamente ilustrado en blanco y negro, 588 páginas, formato 8.5"x11.0". Edición de Diciembre 30, 2013. Miami, Florida, USA.

60.- "Las Doctrinas Prostiuídas en América Letrina. El Comunismo. El Conservadurismo", escrito por Flavio Rivera-Montealegre. Ampliamente ilustrado en blanco y negro, 532 páginas, formato 8.5"x11.0". Edición de Diciembre 30, 2013. Miami, Florida, Estados Unidos de América.

Diseño de portadas, diagramación; fotos,
Ilustración, Photoshop y diseño interior por
Flavio Rivera-Montealegre.
flavio_rivera2000@yahoo.com

Miami, Florida, USA. Abril de 2019.

www.ingramcontent.com/pod-product-compliance
Lightning Source LLC
Chambersburg PA
CBHW051435250726
48655CB00001B/75